"Com embasamento científico, Paulo é uma das poucas pessoas que combinam forte maturidade emocional, espiritualidade e vivência prática no mundo real das organizações, com altíssima efetividade. Isso o torna um gerador de transformações reais e contundentes com humanismo. Um caso raro de mentor de vida e trabalho de forma integrada, que consegue resultados fora da curva."
Sebastian Popik
CEO E FUNDADOR DA AQUA CAPITAL

"Os sonhos, a esperança e as melhores coisas da vida só acontecem quando aprendemos a 'tirar os nossos medos para dançar', e, creia-me, o P.A. é um mestre nessa arte. Prepare-se, porque as páginas deste livro conduzirão você a uma jornada de muita reflexão, autoconfiança e sucesso pessoal e profissional. Boa leitura!"
Marco Fabossi
COACH, ESCRITOR E PALESTRANTE

"Ter um propósito é um dos pontos mais relevantes na vida das pessoas. E este foi o maior presente que recebi do P.A. nestes 13 anos de amizade. Ele é um grande empreendedor e um profissional altamente preparado para transformar a vida de milhares de pessoas. Durante esse tempo, tive a oportunidade de aprender muito em diversos cursos ministrados por ele. Aprendi que, para atingir o topo da montanha, nossa atitude de hoje faz toda a diferença e que nunca é tarde para buscar a felicidade. Gratidão pelos ensinamentos."
Alexandre Tagawa
CEO DA TAGAWA PUBLICIDADE

"Conheci o P.A. – o querido Paulo Alvarenga – há alguns anos em um café. O que era para levar minutos levou três horas de conversa profunda, reflexões significativas e, ao mesmo tempo, leves e alegres. Com o passar do tempo, e com a intensificação de nossa convivência, percebi que esta era verdadeiramente a sua essência: um ser humano profundo, altamente conectado, amoroso e primorosamente habilitado e capacitado a conhecer e trabalhar os meandros de nossa mente, de nossas limitações, altamente comprometido a fazer brotar o que há de melhor em nós. Este é o P.A.: um revelador de nossa natureza mais pura, limpa e livre de amarras de qualquer tipo, um mentor que nos guia amorosamente pelos caminhos da vida extraordinária, plena e feliz que todos nós merecemos."

Cris Tamer
INFLUENCER

"As palestras e treinamentos do P.A. nos ensinam que depende exclusivamente de nós levar uma vida bem vivida e bem-sucedida, de nossas atitudes e da forma como enfrentamos qualquer situação. A leitura de *Dance com seus medos* reforça essa tese e dá novos conselhos para chegarmos lá."

Ernesto Haberkorn
COFUNDADOR DA TOTVS E CRIADOR DO ERPFLEX E DO GRUPO NETAS

"Paulo Alvarenga sempre foi um grande modelo de excelente profissional para mim. Ele é um dos principais responsáveis pela construção da minha carreira e serei eternamente grato por isso. Um profissional com uma bagagem incrível e, acima de tudo, com um coração gigante para colocar em prática sua missão e transformar a vida de quem tem a oportunidade de conviver com ele!"

Alexandre Slivnik
PALESTRANTE E ESCRITOR

"Conheci P.A. há aproximadamente dez anos, e nosso relacionamento profissional se mantém e se intensifica à medida que meus desafios no trabalho aumentam, pois em todas as empresas por onde passei durante esse período sempre o escolhi como meu parceiro estratégico. P.A. sempre foi um profissional diferenciado, arrojado, buscando e trazendo muita criatividade no conteúdo e na forma de transmiti-lo. Ele consegue estabelecer e manter relacionamentos de confiança com todos, e os trabalhos que desenvolvemos juntos sempre tiveram um impacto e resultados consistentes, além de grande credibilidade interna.

Para mim, particularmente, P.A. sempre contribuiu para alavancar minha performance como head de RH, pois atua como meu coach e me estimula a fazer e pensar diferente. Um profissional completo, humano, sensível e ao mesmo tempo assertivo. Eu o quero ao meu lado como parceiro de negócios e, acima de tudo, como um amigo querido e especial."

Adriana Massari
DIRETORA DE RH DA WUNDERMAN BRASIL

"Parceria genuína e provocação transformadora: essas são grandes marcas do P.A.! Em todas as nossas interações, ele sempre surpreende, instiga, desafia e apoia. Seu olhar amplo traz novas perspectivas e possibilidades, ajudando a desvendar caminhos existentes dentro de nós, muitas vezes adormecidos... Saio de seus treinamentos sempre com o sentimento de profunda verdade em seu propósito de contribuir com a transformação das organizações e do mundo, por meio da evolução das pessoas/líderes. Trabalhar com P.A. é EXTRAORDINÁRIO, e ele garante o alcance de resultados diferenciados!"

Andrea Clemente
VICE-PRESIDENTE DE RH DA WHIRLPOOL CORPORATION

"Conheci o P.A. no treinamento Líder do Futuro. Caí lá de paraquedas, indicado pela gerente de RH da empresa. Queria apenas um curso num hotel gostoso para esfriar a cabeça. Então tive a feliz surpresa de conhecer o P.A. e toda a equipe da Crescimentum. Eu estava em um momento de sucesso profissional, mas me sentia triste. No curso, fui provocado a fazer um mergulho profundo na essência do meu ser. Entendi melhor o que me motivava, qual era minha missão e também o que me desmotivava.

Ao sair do curso, P.A. percebeu que eu estava ávido por mudanças e precisando de ajuda. Foi quando ele sugeriu que corrêssemos no parque de vez em quando, para exercitar e pensar na vida. E assim minhas sessões de coaching começaram, em alta velocidade, às 6h30 da manhã ao redor de um lago.

A transformação foi bárbara. Hoje me sinto mais seguro, consciente de cada passo que dou, dono das minhas ações. Foi um verdadeiro trabalho de expansão de consciência, que foi ampliado para toda a empresa. Se eu estava mudando como CEO da Car Park, a empresa também mudaria.

P.A. me ajudou a viabilizar o treinamento Líder do Futuro para mais de 100 profissionais da empresa, assim como outros cursos, como team building, coaching de equipe e coaching individual. O resultado disso foi um crescimento na casa dos 40%. E, mais importante do que isso, é fazer parte de uma empresa em que os profissionais acordam motivados e felizes para ir trabalhar, buscando superação constante e entendendo que cada problema é um professor nosso, e que esse problema será a chave do nosso aprendizado e do nosso crescimento."

Paulo Henrique Coelho da Fonseca Machado
CEO DA CAR PARK

Dance com ~~FUJA DE~~ SEUS MEDOS

PAULO ALVARENGA [P. A .]

Dance com ~~FUJA DE~~ SEUS MEDOS

COMO DESCOBRIR A ORIGEM DE SEU VAZIO E TRANSFORMAR SEU ESTADO EMOCIONAL

Benvirá

Copyright © Paulo Alvarenga, 2020

Preparação Alyne Azuma
Diagramação Caio Cardoso
Revisão Vivian Miwa Matsushita
Capa Deborah Mattos
Impressão e acabamento Gráfica Paym

Dados Internacionais de Catalogação na Publicação (CIP)
Angélica Ilacqua CRB-8/7057

Alvarenga, Paulo
Dance com seus medos : como descobrir a origem de seu vazio e transformar seu estado emocional / Paulo Alvarenga (P.A.). – São Paulo : Benvirá, 2020.
192 p.

ISBN: 978-85-5717-348-4

1 Medos - Superação 2 Sucesso 3 Autorrealização 4 Mudança de hábitos I. Título

20-1598	CDD 158.1 CDU 159.9

Índice para catálogo sistemático:
1. Sucesso

1ª edição, maio de 2020

Nenhuma parte desta publicação poderá ser reproduzida por qualquer meio ou forma sem a prévia autorização da Saraiva Educação. A violação dos direitos autorais é crime estabelecido na lei n. 9.610/98 e punido pelo artigo 184 do Código Penal.

Todos os direitos reservados à Benvirá, um selo da Saraiva Educação.
Av. Paulista, 901, 3º andar
Bela Vista – São Paulo – SP – CEP: 01311-100

SAC: sac.sets@somoseducacao.com.br

CÓDIGO DA OBRA 647225   CL 670910   CAE 717553

"Para meus filhos, Paulo Eloy, Enrico e Larinha, que, mesmo sem saber, me ensinam todos os dias como dançar com meus medos."

SUMÁRIO

Prefácio, 13

Introdução, 17

1 | Abra seu paraquedas, 27

2 | Mude seu estado, mude sua vida, 53

3 | A origem de nosso vazio, 95

4 | O encontro com seus medos e suas dores, 111

5 | Entenda seus gatilhos emocionais, 133

6 | Como estão suas relações?, 153

7 | Cura emocional, 167

Posfácio, 185

Agradecimentos, 189

PREFÁCIO

Dance com seus medos é uma obra incrível que busca propiciar a cura por meio de uma das sintonias mais difíceis da vida: a sintonia entre o ego – que busca a autopreservação, o pertencimento, o reconhecimento, sem diminuir de qualquer forma a força dessas demandas – e a alma – que busca transgredir, se expressar, criar, se conectar num nível mais profundo com outras almas. O equilíbrio proporcionado por essa sintonia significa operar em diversos estágios de consciência, gozando de uma vida com mais autenticidade, com melhor expressão de seus talentos e com senso de propósito.

O que nos impede de enxergar verdadeiramente nosso propósito da alma é o atual estágio de sobrevivência em que a maior parte de nós opera, e quando digo "a maior parte" provavelmente estou incluindo você e todas as pessoas que conhece, e também eu e todas as pessoas que conheço. Trata-se da busca por satisfazer as necessidades do ego em doses além do necessário, da busca por garantias e posses, por elogios, por poder ou status intelectual, pelo controle sobre as situações e as pessoas, por ter evidência em relação a outros. São essas buscas "em excesso" que, por meio da priorização do "ter", nos distanciam da jornada do "ser".

Durante a leitura desta eletrizante obra, você compreenderá como a tentativa de satisfazer suas próprias necessidades pode provocar os resultados mais desastrosos na vida – em geral, pode até haver algum ganho, mas é temporário. O P.A. aprofundou esses conhecimentos num contato próximo com o autor da teoria dos medos do ego, Richard Barrett, tanto em eventos corporativos dos quais participaram juntos quanto em conversas em casas de chá na Inglaterra. Mas, acima de tudo, ele reuniu um grande repertório ao ajudar a desenvolver centenas de milhares de pessoas, conhecendo suas histórias quando elas as contavam olhando nos seus olhos, contribuindo para superarem seus medos (parte até então desconhecidos). Assim, o P.A. pôde confirmar que os maiores medos não passavam de dores passadas projetadas no futuro.

Projetamos na realidade presente – no cônjuge, nos amigos, no chefe, na equipe, no emprego e até mesmo nos filhos – dores antigas, necessidades que julgamos não terem sido atendidas como deveriam. Logo, o caminho da jornada da evolução da consciência passa por romper algum dos padrões do passado em nome de um novo futuro. Para usar as palavras de Nilton Bonder em sua obra *A alma imoral*: "Deixar sua cultura e seu passado em nome de um futuro é saber recompor a tensão entre corpo e alma, aprendendo a romper por conta das demandas do futuro e não só pelas demandas do passado".

A depender de como você tem conduzido sua vida, você pode achar tudo isso uma grande utopia. Essa jornada de alguma forma guarda a busca de um caminho sem fim, em que vez ou outra haverá uma recaída. Mas o que nos mostra o poder desse caminho e a certeza de que é possível fazer melhor são histórias de pessoas incríveis que pudemos conhecer. Pessoas que percorreram, e escolhem percorrer todos os dias, o caminho mais difícil: dançar com seus medos. São histórias de gente que buscou o autoconhecimento e, com o apoio do P.A., conheceu e nomeou seus medos, compreendeu sua origem, o impacto negativo na busca por satisfazê-lo no presente. Esses indivíduos puderam dar um salto quântico na vida quando deixaram de operar apenas pelo ego ou pela sobrevivência.

Hoje, essas pessoas buscam contribuir, de forma autoral, apenas pelo desejo de suas almas, para que outras pessoas percorram esse caminho, cedendo suas histórias mais íntimas para o despertar da consciência de outros. Sou muito grato a elas por terem autorizado o uso dessas histórias neste livro, e sempre carregarei um sentimento de amor por todas, por conta da capacidade que tiveram de transformar suas vidas e, portanto, daqueles que estavam à sua volta.

Por fim, sugiro ao leitor que aproveite ao máximo esta obra, que consegue trazer temas profundos e também serve de guia, com um certo pragmatismo. A forma como foi carinhosamente estruturada contribui para que você chegue às suas próprias histórias, esquemas, modelos mentais, medos, enfim, às respostas para as perguntas que você possui se abriu este livro. Leia com um olhar curioso, com as pausas necessárias para se conectar com seus sentimentos e seu passado, fazendo sua parte na autorreflexão que propiciará maior domínio de si. O reequilíbrio emocional que talvez você esteja buscando não virá pela sua mente, mas pelo seu coração. Abra seu coração toda vez que abrir este livro e aproveite!

Renato Curi
SÓCIO-DIRETOR DA CRESCIMENTUM

INTRODUÇÃO

Todos nós já passamos por momentos na vida em que o chão parece se abrir debaixo de nossos pés. Alguns sentem que estão afundando – e que, se não fizerem alguma coisa, as emoções acumuladas virarão uma bola de neve, e a vida seguirá ladeira abaixo. Estes, mais conscientes do estado em que se encontram, buscam ajuda. Percebem que alguma coisa está fora de eixo e que precisam de algo ou alguém para saírem do estado emocional em que se enfiaram, sem saber como deixaram isso acontecer.

Outros, no entanto, vão arrastando a vida e nem se dão conta de que algo mudou. Ou até notam que não estão como antes, mas vivem ocupados demais fazendo contas, pensando nos boletos para pagar ou na rotina de afazeres, e ignoram o que acontece do lado de dentro. Levam a vida lutando contra algo que não sabem o que é, mas que os impede de agir. Arrastam-se pela vida quando deveriam voar.

Imagino que muitos que estão lendo este livro agora devem ter percebido que não carregam mais sonhos. Que o brilho nos olhos acabou e que a vida parece não fazer muito sentido. Cadê aquela felicidade? E o entusiasmo? Cadê a alegria de viver?

Em alguns momentos, até conseguem estampar um sorriso nas fotos e postá-las nas redes sociais, mas logo voltam ao estado de antes, de desânimo, medo, frustração. Um estado de alerta constante, como se fosse necessário estar armado contra a vida.

Essas pessoas estão tão envolvidas com os próprios conflitos emocionais que não têm nem energia para sonhar. Essa energia é consumida enquanto tentam se livrar da ansiedade, da raiva, do medo. É uma energia desperdiçada em tentativas de ficar bem – e o pior de tudo é que, nessa estrada, ela é desperdiçada de todas as maneiras possíveis. Alguns investem em bens de consumo para obter algum prazer que os faça esquecer a dor; outros tentam preencher o vazio – que nem sabem que existe – com comida, bebida, distrações.

Nesse meio-tempo, a vida vai passando, o propósito fica de lado, e a pessoa simplesmente tenta sobreviver aos dias que passam. Ela se vê continuamente num estado em que a sobrevivência é o que vale, o que a move. Não pensa nos sonhos, no futuro, nas coisas que deseja realizar, na sua missão. Ela simplesmente se conforma em conseguir fechar o mês no azul, pagar as contas e ter uma boa saúde.

Busca de sentido? Muitos não sabem o que é isso, nem mesmo o significado da palavra propósito, e até sair da cama para encarar o dia torna-se uma tarefa difícil. Precisam se forçar a acreditar que vale a pena viver o dia que têm pela frente, porque não conseguem nem imaginar quais serão seus planos para o futuro, que dirá se sobreviverão até lá.

Quando escrevi meu primeiro livro, *#Atitude que te move*, a ideia era ajudar as pessoas a encontrar um propósito na vida, criar novos hábitos, se conectar com o que há de mais poderoso dentro delas e fazer da existência algo mágico. Tudo isso também era um pouco do que eu já desenvolvia em sessões de coaching individual, em mentorias para empresários, empreendedores, líderes e executivos ou então nos cursos e treinamentos que ministro, como APP – Alta Performance Pessoal, IEAP – Inteligência Emocional para Alta Performance, Do Ego para a Alma, entre outros.

Mas comecei a notar que nem todos os que me procuravam nos cursos ou nas sessões de coaching estavam perseguindo um propósito.

A maioria das pessoas se sente como quem nada no mar num dia de tempestade e tenta não se afogar, fazendo um grande esforço para sobreviver. Para simplesmente respirar. Munidas de traumas, dores, cheias de emoções congeladas, medos e usando a energia para abafar tudo isso, elas se blindam e, em vez de acolher o vazio interno, perceber onde estão as dores, enfrentar o medo, externar a raiva de maneira positiva e entender de onde vêm suas tristezas, elas acreditam que aquilo é justamente o que as move, o que lhes dá força. Agem com raiva, sem se envolver emocionalmente com nada, e, quando estão sozinhas consigo mesmas, sentem que falta um pedaço. Estão ali, caminhando em círculos. Mesmo quando conseguem alguma vitória profissional, o vazio continua batendo e mostrando que a conta não fecha.

Comecei a mapear essas atitudes e notei alguns padrões. Entendi que a maioria nem se dá conta de que está se afogando, não entende o que está acontecendo, e por isso não pede ajuda. Essas pessoas desistem de fazer algo para ser feliz, como se quisessem apenas deixar a tempestade passar e ver o que vai restar daquilo. Ou simplesmente delegam a vida aos céus, como se uma figura celestial pudesse descer e ajudá-las. Mas elas mesmas não se mexem para nada.

Outras pessoas até tentam lutar contra a tempestade, procurando uma solução, mas não entendem por que nunca conseguem sair do lugar. Vivem ciclos de autodestruição. Sofrem desesperadamente buscando algo em que se apoiar – um guru, talvez, ou uma pessoa que lhes diga o que precisam fazer para sair daquela situação. Quando os gurus não são sérios, porém, pessoas assim acabam se tornando reféns deles, como se apenas eles trouxessem a cura emocional que elas próprias não são capazes de produzir. Aliás, jamais deveríamos empoderar alguém como guru; um caminho mais acertado seria buscar mentores que possam ajudar.

O problema é que muitas pessoas não conseguem entender que elas próprias têm o poder de despertar essa cura dentro de si e que podem resolver sozinhas o emaranhado que está a vida. Basta que cuidem de alguns aspectos básicos e que recorram ao apoio de quem realmente quer ajudá-las.

Todos nós, em algum momento da vida, já estivemos no olho do furacão. O primeiro passo é admitir que estamos ali e reconhecer que precisamos de ajuda. Que não somos super-heróis. Que somos seres humanos, cheios de vulnerabilidades, e que a primeira ajuda de que precisamos é a nossa. Que precisamos ter compaixão por nós mesmos e entender como agir em determinadas situações.

Quando despertamos para isso, as portas começam a se abrir, e a vida se torna mais possível. Esse é o primeiro passo para a auto-descoberta. Saímos do estado de sobrevivência e voltamos a sonhar, a acessar quem somos, a entender o que viemos fazer nesta vida e a caminhar em direção ao que queremos.

O que poucos sabem é que todos nascemos com recursos para sair desse estado de sofrimento, raiva, angústia, desespero. Existem estratégias que podem potencializar curas emocionais, fazer com que encontremos a origem de nosso vazio e nos levar a discernir quando estamos no estado de sobrevivência, para que, assim, possamos mudar nosso estado mental, emocional e espiritual. Podemos aprender a usar nossos recursos a nosso favor.

Chega de ser reativo. Chega de sobreviver. Chega de passar os dias sofrendo com medos e preocupações que tiram o sono, com questões que só geram acúmulo de frustrações. Chega de congelar emoções ruins e ficar preso a eventos que não contribuem para que você saia do lugar.

A verdade é que você pode resgatar a energia e a felicidade que tinha quando era uma criança cheia de sonhos. Você pode voltar ao estado de alegria e felicidade que o tornam confiante, encantado com as pequenas coisas, determinado, espontâneo, sensível, com fé na vida e gratidão.

Se sua vida está um tormento dia após dia, a possibilidade de enxergar esse estado pode parecer utópica. Eu sei disso, porque também

VOCÊ PODE RESGATAR A ENERGIA E A FELICIDADE QUE TINHA QUANDO ERA UMA CRIANÇA CHEIA DE SONHOS.

já tive uma vida de merda, com o perdão da palavra. No meu primeiro livro, conto como foi o resgate de mim mesmo. Como me salvei de uma depressão, de uma vida sem propósito, e como encontrei, por meio da atitude que me movia, os passos para me sintonizar com quem eu era de verdade. Para conectar todas as estratégias, foram anos de aprofundamento e estudo, nos quais conheci também grandes profissionais de diferentes áreas, que colaboraram com meu conhecimento e integraram mais ideias à minha visão, tornando a solução sistêmica, possível e permanente.

Hoje estou em outro momento da vida, mas, mesmo conhecendo todos os recursos, mesmo com anos de experiência em treinamentos, em determinados momentos eu confesso que deixei de ser o condutor da minha história.

Isso acontece com todo mundo, independentemente de gênero, histórico ou classe social. No meu caso, mesmo depois de conhecer todas as melhores ferramentas e os melhores recursos de desenvolvimento pessoal, entendi que, quando entramos no piloto automático, nos desconectamos de nossa essência e fugimos de nós mesmos. Sabe em qual momento você começa a perceber isso? Quando passa a se abalar por coisas que antes não drenavam sua atenção e energia. Quando os fatores externos te bombardeiam e têm o poder de derrubar as estruturas internas que você construiu e sempre achou que eram sólidas.

Quando estamos bem, nada pode nos abalar. Nossas estruturas se tornam tão firmes que qualquer coisa negativa que acontece se torna apenas um evento externo, que não nos impacta. Mas, se estamos vulneráveis emocionalmente, ou com vazios e medos que não sabemos de onde surgiram, nossa estrutura se abala, e ficamos mais sensíveis a críticas, começamos a reagir aos acontecimentos, mudamos a maneira como somos com as pessoas que nos cercam e despertamos o pior delas, porque damos nosso pior.

Se isso já aconteceu comigo, que tenho tantos recursos e técnicas para sair desse estado, fico imaginando como as pessoas que não têm acesso a tudo o que aprendi acabam reagindo aos acontecimentos e deixando que eles destruam sua vida.

Ao perceber isso, virei a chave e me empenhei em reunir em um novo livro as estratégias que podem tirar qualquer pessoa desse estado. É justamente sobre como fazer esse caminho de volta de que vamos falar aqui, sobre como perceber quais gatilhos geram o desequilíbrio e nos enfiam num buraco negro que parece sugar toda a nossa energia. E vamos fazer isso juntos.

Hoje, nos treinamentos, vejo pessoas falando de casos de depressão, crises de ansiedade, tentativas de suicídio, vidas sem sentido. Comecei a observar o padrão de dor das pessoas, reunir histórias reais, perceber as causas disso tudo – entre as quais podemos citar falta de propósito na vida, perdas financeiras, relacionamentos destrutivos ou tóxicos, falta de autoestima. São inúmeras coisas que, somadas, criam uma vida de sofrimento e dor.

Nenhum ser humano está livre de cair. A diferença é que podemos entender quais são as maneiras de se levantar. E, quando compreendemos o que nos faz cair repetidas vezes, a habilidade de nos levantar se torna uma prática que impede que as quedas nos destruam.

Ao longo de anos de estudo, vivências e treinamentos, criei meu método – baseado em inteligência emocional, psicologia positiva, reprogramação mental, neurociência, HeartMath, entre outros – e comecei a entender os mecanismos que fazem com que as pessoas tenham altos e baixos, os gatilhos, os padrões. Com *Dance com seus medos*, então, quero ajudar você a reconhecer esses padrões, criando uma espécie de diário de sua vida, no qual registra suas emoções e seus comportamentos, tanto negativos quanto positivos. A ideia é que ele funcione como um complemento ao meu primeiro livro, *#Atitude que te move*, mostrando a você ferramentas e técnicas que podem levá-lo a identificar seus medos e tudo o que o impede de ser feliz e realizar seu pleno potencial.

Mas é importante apontar algo que a psicóloga Cláudia Vaciloto afirma. Ela explica que, quando alguém participa de um treinamento

NENHUM SER HUMANO ESTÁ LIVRE DE CAIR. A DIFERENÇA É QUE PODEMOS ENTENDER QUAIS SÃO AS MANEIRAS DE SE LEVANTAR.

intensivo, como os que conduzo há quase 20 anos, muitas vezes essa pessoa nunca olhou para a própria vida e nunca fez nenhum trabalho terapêutico. Por isso tenho o cuidado de dizer aqui que essas técnicas e ferramentas, todas baseadas em ciência, apenas levantam questões e fazem com que olhemos para elas, mas é claro que muitas podem ser depois exploradas a fundo com seu psicólogo.

Então, faço o convite a partir de agora: vamos, juntos, dançar com seus medos e construir sua nova história de vida?

ABRA SEU PARAQUEDAS

> "A pessoa que me tornei é a pessoa que deixa
> minha criança interior satisfeita?"

As luzes se acenderam.

Todos estavam atentos, aguardando que eu entrasse em cena, no palco do treinamento. Mas quem entrou foi outra pessoa. O nome dele era Johnny.

Em cima do palco, Johnny estava prestes a contar a reviravolta que havia acontecido em sua vida desde que participara do meu treinamento APP – Alta Performance Pessoal pouco mais de um ano antes.

E aqui é importante fazer um parêntese, caso você não tenha lido meu primeiro livro, *#Atitude que te move*. Eu sempre entro no palco contando minha história de transformação pessoal, porque de fato apliquei em mim tudo aquilo que ensino hoje. Eu estudo obsessivamente todas as técnicas, e nenhuma delas é transmitida sem que antes tenham sido testadas em mim.

Minha reconstrução de vida se deu pela dor. Tive um filho aos 17 anos, trabalhei duro quando minha esposa engravidou pela segunda vez e fiquei desconectado de mim mesmo para poder cumprir o que eu achava que era meu papel: de provedor. Só fui perceber o tamanho do buraco em que tinha me enfiado anos depois, quando estava com a saúde debilitada, obeso, sedentário, falido e sem saber como recomeçar.

Nesse período, alguns ajustes permitiram que eu me reconectasse com o meu propósito. Digo que foi aí que comecei a sustentar minha missão de alma. Coloquei um ponto final no meu casamento – que já não estava bom havia tempos –, passei a me preocupar com a saúde e a alimentação, perdi o excesso de peso e até me tornei um atleta, com uma rotina diária de exercícios. Eu me reconectei com minha energia e encontrei uma pessoa com quem decidi me casar de novo. Tive outra filha, firmei parceria com novos sócios, construí um novo posicionamento no mercado. Estudei dezenas de líderes ao redor do mundo, que traziam estratégias de alta performance, e, conforme comecei a colocar tudo isso em prática, percebi novos desafios.

Nesse processo de superação de obstáculos, a pergunta que sempre me pautava era: será que minha criança interior está satisfeita com o rumo da minha vida? Para você pode não fazer sentido, mas, sempre que nos desconectamos dessa criança interior – dessa buscadora de alma alegre que quer realizar, viver, sonhar e transformar tudo ao seu redor –, entramos no modo piloto automático. E é sobretudo por causa do piloto automático que, segundo a Organização Mundial da Saúde (OMS), 90% da população mundial vive num nível de estresse crônico, levando os índices de doenças, tanto psíquicas como físicas, a um patamar desesperador.

Vamos falar mais sobre isso nos próximos capítulos. O que quero que você perceba agora é que esse estado desconectado, que não gera a excelência em nada do que você faz, que deixa você desanimado, sem consciência, sem vontade de fazer nada, ou com raiva do que acontece, em geral ocorre porque você está distante de si mesmo ou vivendo a vida no piloto automático. Existe até um filme interessante sobre isso, chamado *Duas vidas* (2000), que sempre recomendo para as pessoas e que também abordei no meu primeiro livro. E agora, desculpe, preciso fazer um alerta de spoiler, embora o filme seja relativamente antigo.

SERÁ QUE MINHA CRIANÇA INTERIOR ESTÁ SATISFEITA COM O RUMO DA MINHA VIDA?

O protagonista, interpretado pelo ator Bruce Willis, é um sujeito profissionalmente bem-sucedido, mas infeliz e triste. Quando a versão dele jovem o encontra, ele fica surpreso, porque o menino o considera um fracasso. "Eu não tenho um cachorro, não sou casado, não tenho amigos, ou seja, eu me tornei um fracasso", diz o garoto, para a surpresa do adulto.

Nessa história, a versão adulta do personagem tem um tique nervoso. Ele é estressado com o mundo, não tem amor, não quer dar amor, não quer saber de nada. E aí começa uma trajetória com esse menino, resgatando sua criança interior. Logo ele se lembra do momento exato que mudou sua vida. Sua mãe estava com câncer, e o pai morria de medo de perder a esposa porque não sabia como ia cuidar do menino e da irmã. Um dia, o garoto brigou na escola, e a mãe teve que se deslocar até lá, com muita dificuldade, para buscá-lo. O pai, bravo, então lhe disse: "Não chore nunca mais na sua vida, porque, se sua mãe morrer, a culpa será sua". Essa situação ficou gravada na mente do garoto, com um forte impacto emocional. Ele então cresceu e se tornou um adulto que odiava o pai, que evitava o amor e que se sentia culpado.

Quando o menino pergunta à sua versão adulta se tinha mesmo culpa de tudo aquilo, o adulto responde: "Não, a culpa não é sua... A mamãe já estava doente". "Quando ela vai morrer?", o menino questiona. "Antes do seu próximo aniversário." Na sequência, ele e o garoto se abraçam. O resgate daquele ponto esquecido de sua vida gera nele uma transformação. A partir daí, ele deixa de viver no piloto automático e se reencontra com sua essência.

Voltando a falar da vida real, o que acontece é que, conforme crescemos, acabamos perdendo a espontaneidade infantil. Vamos enrijecendo e nos tornando sérios. A criança interior não sobrevive a isso. Se você olhar para trás, para sua linha do tempo, e resgatar um pouco de seu passado, vai entrar em contato com momentos nos quais você não pensava no tempo; você deixava a coisa fluir e se divertia de verdade.

Muitos de nós esquecemos os sonhos pelo caminho. Vamos sendo consumidos pelo dia a dia e seguindo em direção a conquistas que nos distanciam de nós mesmos. É preciso muita consciência para preservar sua criança interior, aquela que se orgulha de quem você é.

Sempre que eu subia no palco, durante os primeiros treinamentos APP, sabia que minha missão de impactar e transformar vidas deveria ser muito maior do que o ego de aparecer. E sabia também que não importava quanto dinheiro eu ganharia com eventos e cursos; o essencial era colaborar com cada um que estivesse diante de mim, fosse no escritório, no Uber, dentro de casa. Era imprescindível que eu utilizasse todas as estratégias para fazer as pessoas entenderem que era possível viver com mais qualidade de vida, mais energia, mais saúde, mais amor – e não apenas sobreviver aos dias que se sucediam, com o controle remoto na mão.

Então, eu vibrava a cada vida transformada, fosse nos cursos ou no meu dia a dia, porque sabia que ali existia uma criança interior que tinha sido fortalecida. Ali um ser humano havia ganhado a batalha travada consigo mesmo.

Naquele dia específico, o Johnny no palco fazia sentido para mim, porque a vida dele havia se transformado totalmente desde o dia em que fizera o treinamento – e olha que, antes do APP, ele achava que não precisava de nenhuma transformação, e nem mesmo queria ter participado! Ver aquele homem trazendo seu relato e emocionando tanta gente me fez ter certeza de que minha vida fazia sentido.

Mas vamos contar a história do Johnny desde o começo.

* * *

Quando participou do meu treinamento, Johnny nem sabia que estava passando por problemas. A inscrição dele fora feita pela esposa, que acreditava que ele podia mais. Ela, que o conhecia havia tanto tempo, sentia falta daquele cara sonhador, animado, alegre. Mas ele nem lembrava que um dia essa pessoa havia existido dentro dele.

Aos 42 anos, Johnny acreditava que levava uma vida satisfatória. Tinha seu trabalho, seus filhos, sua família, a estabilidade que tanto procurava e nenhuma grande dor, exceto o fato de ter perdido o pai cinco anos antes.

Sua esposa percebia que, desde aquele episódio, a energia do Johnny nunca mais fora a mesma. Era como se aquele evento o tivesse mudado de vez, como se ele tivesse perdido o brilho que ainda lhe restava. Vivia num piloto automático. Trabalhava, chegava em casa, assistia à televisão, fazia churrascos aos fins de semana e não tinha grandes oscilações, embora estivesse numa situação complicada no trabalho, porque se curvava diante dos chefes, que eram bastante rudes com ele.

Para Johnny, no entanto, esses problemas eram comuns, normais. Eram problemas que ele nem via como tais; ele os via como parte da vida. Não tinha grandes queixas, mas também não tinha alegrias na vida; não tinha grandes tristezas, mas também não tinha qualquer emoção positiva. Não vivia derrotas, mas não lembrava quais eram seus sonhos. Isso fazia dele uma pessoa na média. Uma pessoa que apenas sobrevivia. Uma pessoa comum.

Você conhece alguém assim? Que deseja mudanças, mas vive empurrando a vida com a barriga? Que quer uma vida com mais emoção, menos reclamação, mais energia, mas se contenta com uma vida mais ou menos? Com uma vida "OK"?

Todos nós conhecemos um Johnny. Pode ser que um membro de sua família seja assim: alguém que atualmente leva uma vida padrão, mas que um dia teve muitos sonhos e ideais, imaginando um futuro de satisfação, amor, alegria, paixão, encantamento… O cotidiano provavelmente lhe trouxe tantos pequenos transtornos que todo o resto ficou esquecido, e os sonhos foram deixados de lado.

Por sorte, Johnny tinha a esposa a seu lado. E a esposa o conhecera em sua melhor fase. Ela conseguia enxergar o potencial do marido e sabia que ele podia ter uma vida com mais satisfação e felicidade.

Sabia que existia uma chance para ele. Além do mais, queria recuperar o relacionamento deles e sentir a fagulha da paixão que os dois tinham quando jovens.

No dia em que estava na plateia, bastante cético com o treinamento, Johnny achava que não precisava de ajuda. Na verdade, a expressão "desenvolvimento pessoal" até então não significava nada para ele. Mas foi então que ele me ouviu contar minha história pessoal com meu pai.

Eu contava justamente que, quando meu pai morreu, eu não me permiti chorar, e a saudade fazia com que eu sentisse um vazio dentro do peito. Eu tinha vivido aquela situação durante muitos anos, porque queria parecer um super-herói diante de todo mundo, até que finalmente me reconectei comigo mesmo e permiti que o choro viesse à tona.

Foi só quando me permiti me reconectar com minha vulnerabilidade é que dei um salto no meu desenvolvimento pessoal. Sabia que o ser humano era mestre na arte de mudar sensações, mas ainda engatinhava no processo de acolher a dor, e que toda dor poderia nos levar a um aprendizado se fôssemos capazes de enxergá-la, sem mascará-la ou tentar criar uma armadura para resistir ao que vem de fora. E eu era uma pessoa que, até reconhecer a dor que a morte do meu pai tinha me causado, costumava me mostrar forte demais, numa tentativa de provar que eu não precisava de ninguém.

Naquele dia, quando contei esse episódio no palco, admiti que minha maior motivação, na época em que meu pai ainda era vivo, era vê-lo me reconhecer. Eu era movido pelo reconhecimento que poderia receber do meu pai.

Quando revelei isso, Johnny se mexeu na cadeira. Ele sentiu que algo tinha reverberado ali dentro e pediu para compartilhar com os demais participantes sua própria experiência, para a surpresa da esposa. Ele se levantou com coragem e relatou para todos que não tinha se despedido do pai como gostaria. Minha história havia despertado nele a certeza de que tudo o que fizera ao longo da vida tinha sido para

FOI SÓ QUANDO ME PERMITI ME RECONECTAR COM MINHA VULNERABILIDADE É QUE DEI UM SALTO NO MEU DESENVOLVIMENTO PESSOAL.

obter o reconhecimento do pai. No entanto, Johnny achava que era incapaz de tal reconhecimento, porque o próprio pai sempre o fizera acreditar que ele não era capaz de muita coisa.

Ao dizer isso, ele começou a chorar. Contou a todos que queria ter dito ao pai que o amava, mesmo com tanta mágoa acumulada no peito. Tinha passado a vida toda tentando obter a admiração do pai, e com isso ficara preso àquela energia. Sem se conectar verdadeiramente com o pai, ele tinha perdido a chance de dizer em vida o mais importante: "Eu te amo".

Naquele momento, Johnny estava se conectando com sua parte mais vulnerável – com o não reconhecimento do pai, com a frustração de não ter dito que o amava, com o peso de não ter aberto a guarda quando o pai ainda era vivo. Para se mostrar capaz e forte, ele tinha congelado as emoções. Dessa forma, não sentia nada.

Decidi que a estratégia que usaria com ele seria potencializar a raiva que ele tinha – e, com isso, fazê-lo sentir algo de novo. Convidei-o para subir ao palco, e ele veio até mim, ainda encurvado.

– Você pode repetir tudo o que diria para seu pai se ele ainda estivesse vivo?

Sua primeira reação foi dizer que o amava; que, mesmo sabendo que o pai não acreditava nele, ele o amava. Mas a voz saía quase inaudível. Era como se Johnny ainda estivesse com aquilo engasgado.

Diante daquela postura, provoquei mais uma vez:

– Você ama seu pai? Quase não ouvi você falar. Não me parece que você o ama.

Ele me encarou, dizendo que o amava.

Pedi então que repetisse aquilo com força nas palavras. Que estufasse o peito, que mudasse a linguagem e a fisiologia de seu corpo. Que dissesse o que estava dentro de si.

A voz, então, saiu mais forte, e ele parecia determinado. Era como se, aos poucos, descongelasse as emoções que haviam ficado paradas ali durante tanto tempo.

– Seu pai não acreditava em você – continuei. – E você? Acredita que é capaz?

Com o intuito de empoderá-lo, comecei a perguntar sobre tudo o que ele tinha construído, sobre a família que havia formado, sobre sua trajetória. Quando a plateia se deu conta, ele estava gritando:

– Eu acredito em mim!

Naquele momento, suas emoções finalmente despertaram e entraram em movimento, depois de terem passado tanto tempo congeladas. A emoção que tinha ficado presa pelo fato de o pai ter duvidado dele a vida toda. A emoção que saía com as palavras, antes engasgadas, por conta do medo de não ser amado, de não ser reconhecido. Era um misto de raiva e de culpa por jamais ter dito o que sentia enquanto o pai era vivo.

Foi então que ele despertou. Johnny despertou porque percebeu que podia sentir tudo aquilo e que viver aquelas emoções o tornava mais forte. Ele despertou para si mesmo, para a vida. Colocou em movimento o que estava parado, entendeu o que emperrava sua vida – que até então ele nem via como emperrada – e decidiu que faria uma mudança, que se aproximaria de sua essência, que acolheria sua criança interior, seus sonhos, sua missão de vida.

Com esse pontapé inicial, Johnny decidiu trabalhar com algumas de suas crenças. E, quando digo crenças, quero dizer tudo aquilo que ele tinha como verdade absoluta. Por exemplo, uma das frases que Johnny mais repetia para si mesmo é que acreditava não ter capacidade. Essa era uma crença fortíssima que havia sido instalada em sua mente desde cedo, por conta de tudo o que seu pai costumava lhe dizer quando ele era criança. Aquela crença estava tão arraigada que fazia parte de seu repertório havia muito tempo: "Eu acredito que não tenho capacidade suficiente e que não sou competente".

Perguntei a ele se um pai de família, formado na faculdade, que tinha uma vida como a dele, era mesmo uma pessoa incompetente. Ele me olhou curioso, então pedi que repetisse sua frase. Logo em seguida fiz outra pergunta, seguida de cinco ou seis provocações, e ele então repetiu a frase sem acreditar nela. A frase tinha deixado de existir. De ter força. Não era mais uma crença.

O que fizemos foi enfraquecer aquela voz que dizia que ele não era capaz e substitui-la por uma nova frase: "Eu acredito no meu potencial e sou capaz de tudo".

Pode parecer simples demais para você que está lendo este livro, mas entenda que todos nós somos movidos por crenças que se instalaram em nossa vida em algum momento, seja pelos pais, por relacionamentos amorosos ou por episódios que vivemos. As crenças chegam, se instalam e de repente se tornam as nossas verdades, com as quais não deixamos de conviver. No livro *#Atitude que te move*, abordo isso com mais detalhes.

Uma pessoa com uma crença como a de Johnny, que acreditava no que o pai havia dito, é capaz de sabotar a si mesma só para reafirmar que aquilo é verdade.

Muitas pessoas têm crenças destrutivas a respeito de si mesmas e acabam levando a vida de uma maneira que as desrespeita, para que possam viver de acordo com essas crenças, que nem sempre são conscientes.

Depois de despertar para isso, de entender que buscava o reconhecimento do pai porque este dizia que Johnny era um fracassado, de assumir que tinha pegado aquela crença para si e de criar uma nova crença – desta vez com base na verdade –, ele passou a compreender que tinha poder para escrever a própria história e conduzi-la, sem se deixar ser conduzido por ela.

Johnny percebeu que tinha emoções dentro de si, que ainda tinha sonhos, que podia acreditar em si mesmo e que era capaz de tudo o que quisesse, sem limitações.

Logo no primeiro dia do treinamento ele já havia sofrido uma grande transformação. Mas a transformação de verdade foi vista quando ele abriu uma nova edição do evento, meses depois, contando no palco a própria história para milhares de pessoas. Ele se lembrou de quando também estivera na plateia, muito a contragosto, para assistir a "um cara de desenvolvimento pessoal".

O resultado tinha sido impressionante. Em poucos meses, ele havia investido em desenvolvimento pessoal, estava fazendo cursos para entender melhor a si mesmo, se sentia cheio de energia, tinha eliminado 14 quilos com alimentação balanceada e exercícios físicos e agora buscava o que trazia prazer e satisfação a sua vida.

Sua primeira providência, ele contou, tinha sido comprar um jipe, para voltar a fazer trilha como quando era mais jovem. Ele queria redescobrir suas paixões. Percebia que havia abandonado os hábitos e costumes que lhe davam prazer, e isso lhe tirava um pouco o gosto pela vida.

Além disso, contou que sua postura diante de todos também tinha mudado: no trabalho, onde seus superiores antes o achavam fraco, ele já começava a se portar de outra maneira, reagindo de forma diferente aos acontecimentos e passando a ter uma atitude mais proativa, sem deixar que pessoas que o intimidavam o desequilibrassem emocionalmente, como seu pai fazia. E isso tudo teve reflexo em seu casamento. Sua esposa parecia feliz com as mudanças que ele implementara na vida, incluindo a prática de meditação, que o deixava mais centrado.

Ali no palco pela segunda vez, ele agora se mostrava um homem transformado. Nem de longe lembrava aquele Johnny acuado, sem emoções, fechado, sem prazer na vida, sem saúde e com a vida estagnada. Ele tinha finalmente descoberto que era capaz de viver uma vida plena.

$$* * *$$

Mas por que estou contando isso?

Para dizer que muitas vezes as pessoas acreditam que têm uma vida muito boa, dentro da média, mas despertam quando percebem que podem ter muito mais. Despertam quando percebem que a vida pode ser mais, que podem viver com satisfação pessoal em todas as áreas e não precisam apenas sobreviver. Não precisam esperar as prestações, os boletos, passar os fins de semana cansadas e sem perspectiva.

Lembra que falei lá no começo do livro que muita gente se arrasta quando nem percebe que poderia estar voando?

Muitas pessoas vivem esta vida sem despertar para o que sua criança interior buscava. Muitos não conseguem nem parar para fazer esse questionamento, porque estão no piloto automático. É só quando um evento externo de alto impacto emocional acontece que elas param, como aconteceu com o Johnny. Esse evento pode ser a morte de um parente próximo, uma demissão, um problema no trabalho, uma separação, qualquer coisa que abale as estruturas internas daquela pessoa e faça com que ela congele as emoções ou pare de sentir prazer pela vida.

Quando me dei conta de que pessoas como Johnny, que nem sabiam que poderiam melhorar a própria vida, jamais vão espontaneamente a um encontro presencial ou a um treinamento, fiquei imaginando quantas não devem viver a mesma situação que ele. E quantas vidas não estão sendo desperdiçadas. Quanto potencial deixa de ser alcançado. Quantos sonhos ficam na gaveta, esperando para ser realizados.

A maioria das pessoas que está nesse mesmo barco não faz ideia de qual conjunto de comportamentos está trazendo resultados negativos para sua vida. Porque esses comportamentos nem são conscientes. Mas essa tomada de consciência pode levar você a ter insights únicos, como os que Johnny teve durante a dinâmica.

Releia a pergunta que abre este capítulo. A pessoa que você se tornou é a pessoa que deixa sua criança interior satisfeita? Quando resgatamos nossa criança interior, como no filme *Duas Vidas*, quem estamos resgatando? O que estamos resgatando? O fato é que podemos, sim, resgatar a inocência de uma criança, a leveza e o bem-estar que muitos adultos perderam hoje.

Há uma história de Charles Chaplin que trata um pouco disso. Ele diz que, quando contava uma piada pela primeira vez, todos riam, mas que, quando contava pela segunda e terceira vez, não riam mais. As pessoas explicavam que aquilo acontecia porque elas já conheciam a piada. "Mas por que quando eu conto algo triste vocês choram mais de uma vez?" E assim é o ser humano. Ele perde a capacidade, ao longo da vida, de preservar aquela criança interior disposta a rir de tudo. Ele endurece o coração e racionalmente se torna uma pessoa que não ri mais de nenhuma piada. Perde a capacidade de rir, de se encantar com a vida, de ter espontaneidade. Perde a capacidade de se emocionar com coisas bonitas e ser alegre.

Você é capaz de se alegrar com sua vida? Se encontrasse sua versão mais jovem, teria orgulho de mostrar quem você se tornou? Ou pediria desculpas por ter deixado todos aqueles sonhos para trás? Por não ter tido coragem de existir, de agir, de amar, de viver a vida de maneira plena?

Antes do treinamento, talvez Johnny não tivesse a menor noção de como ele era divertido quando era mais jovem e do que tinha se tornado, de como era capaz de ser um pai presente para as filhas, de como podia se divertir mais, relembrando o que o motivava, da paixão que tinha pela esposa. Talvez não soubesse de todo o potencial que estava escondido dentro de si. E, certamente, se reencontrasse a si próprio na infância, aquele menino iria olhar para o homem adulto imaginando o que o teria feito perder o brilho, o que o teria feito perder o encantamento diante da vida. Em que momento Johnny tinha deixado de se permitir viver uma vida extraordinária?

Em que momento paramos de viver? Em que momento perdemos o sentido, o fio da meada? Perdemos o brilho, a magia, a esperança e a fé? Quando deixamos de ser quem viemos para ser e passamos apenas a existir?

A maioria das pessoas não tem a menor consciência do estado em que vive. Não vive uma vida desperta, não cria nada novo, não sai da zona de conforto porque fica estagnada no medo, na raiva, nas

EM QUE MOMENTO PARAMOS DE VIVER? EM QUE MOMENTO PERDEMOS O SENTIDO, O FIO DA MEADA? QUANDO DEIXAMOS DE SER QUEM VIEMOS PARA SER E PASSAMOS APENAS A EXISTIR?

VOCÊ ESTÁ CONSCIENTE DE QUE PRECISA MUDAR ALGO EM SUA VIDA?

emoções das quais não consegue se livrar. Essas pessoas vivem uma vida com muitos estímulos, sentem um incômodo no peito e uma angústia de vez em quando e tentam mascarar a sensação da maneira como podem – em geral, fugindo dela ou anestesiando suas dores. Esta última é a medida mais comum, e é terrível ver como os antidepressivos têm encontrado mercado para tratar as dores mais superficiais. Ninguém encara uma tristeza, um medo, uma dor. Muitos de nós preferem mergulhar nos antidepressivos ou nas bebidas, que prometem a fuga rápida da mente e tiram o foco do problema.

Você deve conhecer pessoas assim. Que, ao se levantarem da cama, sentem que falta algo em sua vida. Não sabem exatamente o que é, mas essa ausência de significado, sentido e motivação se arrasta durante meses até que a pessoa ache que está com depressão – ou os parentes lhe dizem isso. Mas muitas vezes ela nem vive uma depressão. É apenas um excesso de insatisfação e um estado que não muda. Um estado de tristeza congelada, de angústia por não ter dito algo ou de frustração por não ter feito o que gostaria de ter feito. E aí a pessoa se entope de antidepressivos, um atrás do outro...

Só que, a longo prazo, isso não funciona. O problema fica ali, debaixo do tapete, esperando ser resolvido. E, quando não trabalhamos as emoções nem encaramos as dores, não temos maturidade para lidar com tais situações. Não agimos como responsáveis pelo quadro que criamos e mergulhamos em sentimentos que não conseguimos controlar.

A gente só muda aquilo que existe. Quantas pessoas não sabem que não sabem? Estão inconscientes da própria vida? Você está consciente de que precisa mudar algo em sua vida? Porque, se temos consciência de algumas coisas, podemos olhar para aquilo e mudar. Essa consciência nos faz observar algo que muitas vezes queremos mascarar, mas que, quando não é resolvido, pode nos atormentar ou nos bloquear pelo resto da vida.

No caso do Johnny, ele tinha um comportamento que eu não chegaria a chamar de autossabotagem, mas ele precisou se conscientizar

ABRA SEU PARAQUEDAS 43

de que havia um comportamento recorrente e perceber com clareza o resultado negativo que gerava.

"Mas, P.A., eu não vejo o resultado dele como negativo", você pode estar pensando. Pois bem: sabendo de todo o potencial que ele tinha, entendendo que ele podia ter uma relação melhor com a esposa, no trabalho, com o próprio corpo e uma relação de prazer consigo mesmo, fica claro que ele não estava realizando o seu máximo.

Trabalhar, viver uma vida cheia de preguiça, com resultados insatisfatórios e um incômodo que você não sabe de onde vem não, é exatamente uma vida plena. Portanto, é preciso investigar o que está bloqueando você de viver a vida que sua criança interior pede. De viver o sonho que tinha na infância, sem sentir tanta angústia nem gastar tanta energia com situações que o fazem perder o rumo.

Não é positivo voltar para casa sempre estressado depois de um dia de trabalho, nem deixar que isso destrua seu dia, sua casa ou suas relações. Como já citei no começo do livro, 90% da população mundial vive em estado de estresse crônico. É como se a grande maioria das pessoas vivesse em um estado de alerta, brigando para sobreviver, em um estado primitivo, sem se conectar com a alma, com os sonhos, com a alegria de viver. Para piorar, de acordo com dados de 2018 da OMS, cerca de 800 mil pessoas se suicidam por ano no mundo. É praticamente um suicídio a cada 40 segundos. Diante desse crescimento expressivo nos números, não podemos deixar de fazer o seguinte questionamento: "O que faz com que tanta gente chegue ao ponto de não ver sentido na vida?".

Além disso, muitas pessoas acumulam anos de depressão até que uma doença fisicamente séria bate na porta, e só então elas começam a ressignificar tudo, correndo atrás do prejuízo. Conheço também centenas de casos de pessoas que apenas começaram a enxergar a missão, o próprio bem-estar, os valores e a família quando estavam à beira da morte, e só então compreenderam que havia "algo mais" com que se preocupar.

Alguns convivem dia após dia com buracos emocionais, e quando somos emocionalmente despreparados para a vida não conseguimos ter habilidade para administrar conflitos. Essa incapacidade nos traz resultados negativos constantes, que vamos enxergando como sendo resultados normais.

A questão é que a somatória dos resultados negativos em sua vida faz com que você fique angustiado e frustrado. Ao permanecer preso a essa energia, isso gera um estado interno de emoções e sentimentos que sempre leva você a ter comportamentos coerentes com esse estado. Uma pessoa que não está entusiasmada com a vida e está vendo tudo sob um prisma negativo, por exemplo, naturalmente enxergará a vida com um filtro diferente daquele usado por outra que está num estado de felicidade. Nossos comportamentos podem gerar um resultado positivo ou negativo, e quando vemos um resultado negativo precisamos entender os comportamentos que levaram a isso e nos perguntar também o que os geraram. Como no esquema abaixo:

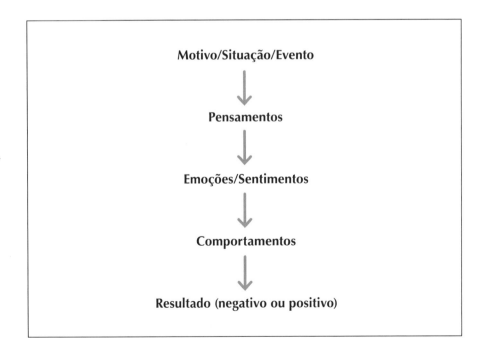

Vou dar um exemplo simples. Você gosta de ir à academia todos os dias porque se sente bem com isso. Porém, um dia, você acorda e não vai. O resultado é a ação, ou seja, faltar na academia. A pergunta que deve ser feita é: o que gerou em mim o comportamento de não ir à academia hoje? Quando nos comprometemos a fazer algo e não conseguimos cumprir o combinado, precisamos entender o que nos levou a isso, o que gerou esse comportamento, e mapear quais são os sentimentos e as emoções detectadas.

No caso do Johnny, ele tinha um conjunto de sentimentos e emoções que geravam comportamentos negativos e resultados negativos. Mas de onde vinham esses sentimentos? Por exemplo, quando participava de uma reunião com o chefe e ouvia críticas, ele ficava sempre num estado emocional deficiente – embora não se desse conta disso. A crítica do chefe acionava um gatilho – assunto que vamos abordar mais detalhadamente depois – e isso gerava nele o sentimento de ser incapaz, de ser um profissional ruim. O que seu pai fazia com ele quando pequeno era o mesmo que seu chefe fazia.

Adaptando o esquema anterior para o caso de Johnny, temos o seguinte:

Motivo/Situação/Evento = Ouvir críticas de alguém

↓

Pensamento = Sensação de injustiça e de que não merece isso

↓

Emoção/Sentimento = Raiva, frustração, rejeição

↓

Comportamento = Sair da sala, se autocriticar

↓

Resultado = Se fechar cada vez mais, não ousar, se limitar profissionalmente, reforçar a crença de que não é bom profissional

Assim, todos os dias ele tinha sentimentos e emoções como esses, que nem sabia como eram gerados, mas que faziam com que ele recuasse e se sentisse incapaz. Eram reforços negativos para as crenças dele que tinham sido imputadas lá na infância, por conta de sua relação complicada com o pai.

A pergunta que faço agora é: você tem controle sobre o quê? Sobre o seu pensamento. Portanto, você pode gerar novos pensamentos, ou mesmo gerenciar a emoção que surge. E, se temos o poder de gerenciar emoções e pensamentos, por que ficamos vulneráveis ao que vem de fora e nos descontrolamos emocionalmente? Porque não sabemos o que gera nossas reações emocionais.

O que aconteceu com Johnny depois do treinamento? Ele finalmente entendeu o que gerava sua reação emocional. E isso o tornou capaz de usar a própria inteligência emocional. Quando usamos nossa inteligência emocional em nossas relações e em nosso dia a dia, temos mais controle sobre os comportamentos gerados a partir de nossas emoções. E paramos de agir de maneira negativa.

Johnny começou a entender que estava vivendo uma vida com base em algumas crenças que o limitavam, e reconhecer isso fez com que ele compreendesse por que gerava aquele comportamento quando se sentia mal, ou seja, por que se sentia incapaz de tudo, até mesmo de fazer algo por si mesmo. Conforme conseguiu reconhecer o que estava acontecendo consigo mesmo, Johnny conectou-se com as emoções que evitava, que tinham sido congeladas quando seu pai faleceu, e passou a se conectar ao que era importante para ele.

Já reparou como muitos de nós gastamos energia para nos conectar com emoções desnecessárias, a ponto de deixarmos de nos conectar com o que é importante?

O que nos faz tomar uma atitude que nos move adiante é a dualidade dor *versus* prazer. Identificar as duas coisas é importante, conforme vou abordar nos próximos capítulos. Mas a pergunta é: qual vai te mover mais? Nosso personagem real identificou algumas dores,

JÁ REPAROU COMO MUITOS DE NÓS GASTAMOS ENERGIA PARA NOS CONECTAR COM EMOÇÕES DESNECESSÁRIAS?

entendeu que elas faziam sua vida ficar parada, mas o que o moveu muito mais foi o prazer. Quando Johnny se conectou com tudo aquilo que lhe dava prazer, ele parou de dar poder para o ambiente e percebeu que poderia ter um comportamento mais coerente com aquilo que desejava.

No trabalho, mesmo fazendo o que gostava, e de forma bem-feita, ele havia entrado numa zona de conforto e realizava apenas o básico. E, quando fazemos o básico, e as pessoas começam a cobrar mais resultado, culpamos o ambiente, o chefe, todo mundo, por algo que é de nossa responsabilidade. Ele vivia insatisfeito porque exigiam muito dele. Consegue identificar o ciclo de autossabotagem e autodestruição?

Minha provocação aqui é: nossa reação ao ambiente é nossa responsabilidade. Se sentimos algo que alguém provocou em nós é porque permitimos que a pessoa nos fizesse sentir daquela maneira. A partir do momento em que Johnny se conectou com isso, despertou para a chamada "tríade da performance": linguagem, fisiologia e foco. Ao longo do livro vou expandir essa teoria, mas quero que você entenda que esses pilares podem te ajudar a gerenciar as emoções e, quando fazemos isso, podemos nos movimentar para onde queremos.

Muitas pessoas sentem dores existenciais fortes, que foram geradas por episódios traumáticos na vida. Outras se acostumaram tanto com suas dores que nem se lembram que aquilo dói. E você sabe que, quando dói só um pouquinho, a gente não se mexe para mudar. Um exemplo: se você está com uma leve dor de dente e tem uma série de compromissos, vai postergando a ida ao dentista, mesmo sabendo que aquilo é importante para você. Se aquela dor não tira seu sono, você não se mexe para eliminá-la.

Vou te contar uma coisa: às vezes é mais fácil fazer doer mais e gerar transformação a partir disso do que esperar uma transformação que venha do prazer. Uma analogia que serve nesse caso é a do José.

José é o zelador do prédio onde tenho apartamento na praia. Da última vez que o encontrei, ele estava exultante, porque tinha acabado de fazer uma cirurgia de hérnia de disco, pela qual estava esperando havia muito tempo. Naquele dia, José contou que a dor que sentira por anos era tanta que ele teria feito qualquer coisa para se livrar dela. "Sabe quanto eu pagaria para tirar essa dor? Eu cortaria a minha perna fora se fosse resolver."

Aquela frase me impactou profundamente e me fez perceber que, quando algo dói demais dentro de nós, fazemos algo inimaginável para eliminar aquela dor. Ele expressou que "arrancaria a perna fora" se fosse necessário, e essa é a analogia perfeita para o que alguns fazem na vida. Se algo dói muito e não conseguimos suportar, fazemos o que é preciso para acabar com a dor. É ela que nos move num primeiro momento em busca de alguma solução. Alguns recorrem a gurus, outros, a psicólogos, outros, à religião, outros, a medicamentos, e outros infelizmente tomam atitudes extremas, como o suicídio. Hoje sabemos que um suicida tira a própria vida para acabar com a dor que não consegue suportar. A dor se torna tão terrível que ele não consegue mais gerenciá-la.

Mas e quando a dor não dói tanto, como no caso do Johnny? Aí as pessoas não se mexem para mudar nada. Às vezes precisa doer um pouco mais para que a pessoa tome alguma decisão e se mova em direção à cura.

Quero que você saiba que, não importa se está doendo demais ou se está doendo pouco, temos recursos e ferramentas que podem nos ajudar a sair desse estado. Como se tivéssemos um paraquedas pronto para nos salvar. O problema é que não sabemos liberar esse paraquedas. Não entendemos como ele funciona. Temos a ferramenta, mas ficamos em queda livre, sem puxar a cordinha.

Muitas vezes você encontra um livro, um mentor, um pai que te mostra onde está a cordinha. E, quando você se conecta com isso, nesse momento, você abre o paraquedas.

Pare de puxar a cordinha no momento errado. Você tem sua história, suas limitações, seus medos e suas angústias, mas é só você que pode sair desse estado e ter a vida que sempre quis. Para isso, vamos aprender a usar seu paraquedas e também a tríade linguagem, fisiologia e foco, como veremos no capítulo a seguir.

MUDE SEU ESTADO, MUDE SUA VIDA

"Nossas mentes moldam nossos corpos, e o contrário também é verdadeiro."

Amy Cuddy

Há alguns anos, quando minha filha mais nova completou 5 anos, resolvemos fazer uma grande festa de aniversário para comemorar. Só que, na hora do "Parabéns para você", ela ficou muito envergonhada, como já é de costume. Os convidados estavam lá, a fotógrafa posicionada, mas nada a fazia sorrir. Minha filha sentia uma intensa vergonha quando todos voltavam a atenção para ela.

Naquele momento, eu me lembrei de uma brincadeira que costumávamos fazer todos os dias quando íamos para a escola: o famoso joquempô. Quando ganha, ela fica feliz, comemora e imediatamente muda seu estado emocional. Logo, decidi tentar. Perguntei no ouvido dela se queria jogar uma partida. Ela sorriu, e jogamos. Ela ganhou.

Em segundos, levantou os braços e começou a sorrir, feliz. Naquele momento, já tinha mudado seu estado. Os eventos externos não eram capazes de despertar nenhum sentimento negativo nela, porque ela estava feliz. Logo começou a curtir o "Parabéns para você", e tudo por causa de uma mudança de estado. Porque *fisiologicamente* ela passou a se sentir bem.

O que eu quero dizer com isso? Que leves mudanças na nossa linguagem corporal, como um simples sorriso, podem trazer resultados surpreendentes em nossa vida. Que temos condições de fazer o que queremos, na hora que queremos. A fisiologia – ou seja, a área que estuda as funções do corpo humano – faz você acessar estados emocionais, pensamentos e sentimentos que geram um outro comportamento. Para isso, basta ajustar o foco e saber puxar a cordinha de seu paraquedas, acessando suas ferramentas internas. Minha filha acessou suas próprias ferramentas naquele dia e saiu de um estado para o outro por conta própria – tudo com base na *linguagem*, na *fisiologia* e no *foco*, elementos simples e poderosos que uso na minha vida em tudo, e que vou abordar em detalhes neste capítulo.

A verdade é que, muitas vezes, quando você muda seu estado emocional interno, acaba mudando sua vida. Mas uma grande maioria das pessoas é dominada pelas emoções e acha que a culpa de todos os seus problemas é apenas do ambiente externo. Isso não procede. A maneira como desejamos nos sentir é uma escolha nossa. Temos o poder de mudar para o estado que quisermos quando bem desejarmos. O grande desafio é permanecer nesse estado mesmo quando lá fora as pessoas estão em estados diferentes do nosso.

Todos os dias, quando você acorda, há uma série de eventos externos que podem tirar você do eixo. Sejam as notícias da televisão, os problemas do parceiro ou da parceira, os filhos com pressa para ir à escola, um eventual acidente no trânsito, as contas atrasadas, pendências do trabalho que tiram seu sono e uma série de outras coisas.

Mas, veja bem, eu disse "*podem* tirar você do eixo". E não "vão tirar você do eixo". Porque, dependendo de como você mantém ou muda seu estado, nada nem ninguém é capaz de desequilibrar você.

Vou dar um exemplo pessoal. Pouco tempo atrás, muita gente andava "brigando" comigo. Eu não entendia aquilo, mas achava que elas é que eram as responsáveis pelas brigas. Certo dia, porém, me desentendi com uma profissional muito amiga minha, que teve um acesso de fúria e respondeu de maneira indelicada a mim. Eu a conhecia, sabia que ela era uma das pessoas mais doces e equilibradas do mundo, e me questionei: se todas essas pessoas estão assim, incluindo ela, deve ser algum problema em mim. Comecei, então, a perceber que eu é que estava um pouco desconectado de mim.

Pronto: percebi que o que precisava ser mudado estava dentro de mim. Que eu já estava no piloto automático, desconectado das pessoas, sem empatia nem amor. E fazer o caminho de volta para meu estado original foi mágico, porque me fez redescobrir muita coisa: principalmente que temos o poder de pautar as relações de acordo com nossos estados emocionais.

Sim, muitas vezes dizemos que os outros não nos compreendem, que os outros nos maltratam, e delegamos tudo aos outros, quando, na maioria das vezes, tudo está dentro de nós. Em qualquer situação, sua atitude, seu comportamento, seu desempenho, suas decisões são todos consequência do seu estado – e seu corpo também reage fisiologicamente a esse estado.

Se você está bem, é provável que reaja de maneira positiva às situações. Se não está tão bem assim, certamente olhará para tudo de maneira mais crítica. Vamos supor que você esteja num dia ruim, aquele dia em que a pedra no sapato está incomodando mais do que nunca, em que nada flui, em que a vida parece difícil demais para suportar. Nesse dia, você naturalmente usa o corpo de maneira diferente do que se tivesse recebido a notícia do nascimento de seu filho ou de uma promoção no trabalho. Sua linguagem e sua fisiologia mudam conforme seu estado interno – e, consequentemente, seu foco muda também, percebe?

Assim, é importante que você perceba que as três coisas que determinam seu estado interno em qualquer momento são:

1. sua linguagem;
2. a maneira como você usa seu corpo, ou seja, sua fisiologia;
3. o que você escolher focar.

Vou usar o exemplo de uma amiga para explicar o que são esses três elementos e como eles são importantes. Essa amiga já teve crises sérias de síndrome do pânico, um problema bem conhecido de quem tem quadros de ansiedade constantes. Sempre que ela sentia uma inquietação, tudo ganhava uma proporção assustadora em sua mente. Ela criava imagens mentais e quadros tão negativos do que poderia acontecer que não conseguia ter uma percepção da realidade.

Certa vez, dirigindo a caminho da farmácia, ela estava com tantas coisas na cabeça – e se sentindo ansiosa porque precisava resolvê-las – que estacionou o carro na porta do estabelecimento e esqueceu o que ia fazer ali. Isso gerou uma crise de pânico, porque ela começou a imaginar que aquele esquecimento era fruto de uma doença como o mal de Alzheimer. Começou a chorar, imaginando que sofria da doença e se perguntando como faria para viver assim. "E se eu esquecer quem sou? E se eu me esquecer das minhas filhas?" Nessa hora, sua fisiologia mudou. Começou a tremer, sentiu a mão formigando, e aquele medo a invadiu por completo.

Ela realmente acreditava naquela história que sua mente estava criando e não conseguia sair daquele estado sozinha. Por sorte, ligou para uma pessoa que pediu que ela respirasse e que enfatizou: "Você só está ansiosa e com muitas coisas na cabeça. Não é Alzheimer".

Ela decidiu acreditar naquilo e voltou para casa. Quando nos encontramos, alguns dias depois, ela me relatou o episódio. Fui tentar entender como uma pessoa como ela, aparentemente conectada, tinha chegado àquele ponto, e conversamos sobre algumas estratégias que poderiam ajudá-la a retornar ao seu estado natural. Minha amiga teve a ideia de ir relaxar na praia com as filhas e entendeu que era ela quem estava no poder.

Agora, imagine só: centenas de milhares de pessoas com quadros de pânico sofrem com isso diariamente. Saem do estado natural e começam a criar, com a mente, cenários que disparam cortisol na corrente sanguínea e fazem com que a fisiologia mude. Elas colocam o *foco* naquele episódio que a mente cria, e, em segundos, o corpo responde. Quando o foco muda, a vítima da ansiedade transforma seu estado de maneira negativa, alterando tanto a *fisiologia* (a postura, os gestos) quanto a *linguagem*.

Muitas delas sentem os sintomas das doenças imaginárias e acreditam que estão com tais doenças. E, quando notamos isso, entendemos que temos o poder de mudar nosso estado – tanto para melhor, como para pior. Tudo é uma questão de ajustar o foco.

Foco é o questionamento que eu faço, é onde está meu pensamento. Minha avó sempre dizia: "Quem procura acha". Por isso eu pergunto: O que você está procurando? Onde está seu pensamento? Você tem cuidado do seu pensamento ultimamente ou o deixa vagar por aí? Tem feito rituais para fortalecer seu pensamento?

Se você coloca seu foco em um problema, ele naturalmente começa a se tornar mais forte. Se você coloca o foco num simples patinete que está na rua, inevitavelmente você passa a ver apenas patinetes na rua. Para direcionar nosso foco, há uma série de ferramentas que podem ser usadas, como você verá ao longo do livro. O incantation, por exemplo, que abordo na página 65, é uma delas.

Ao mesmo tempo, dependendo de sua *fisiologia*, ela o leva a pensar em algo negativo ou positivo. Quando seu corpo está reagindo a um acontecimento feliz – ou seja, quando você sorri, se sente leve –, naturalmente sua percepção do mundo passa a ser mais alegre. Uma pessoa que está relaxada e feliz dificilmente entra num estado de pânico – nem mesmo diante de um grande desafio ou crise. Uma pessoa que está recebendo aplausos num palco e comemorando uma vitória não se sente destruída ou incapaz. Fisiologicamente, essas pessoas estão "armadas" e focadas em outra coisa. Logo, o comportamento

ONDE ESTÁ SEU PENSAMENTO?
VOCÊ TEM CUIDADO DO SEU
PENSAMENTO ULTIMAMENTE
OU O DEIXA VAGAR POR AÍ?

delas é diferente do que se estivessem com os ombros caídos, em casa, sofrendo por algo que a mente criou.

Sempre discuto a importância de cuidar da saúde, porque isso se reflete diretamente na fisiologia, gerando um estado interno diferente. Eu percebo que meu estado emocional muda quando saio da academia ou quando faço uma corrida matinal. Eu uso essa estratégia para melhorar meu estado, e tem funcionado, assim como outras que vou disponibilizar no livro para que você mude sua vida.

Por fim, é importante se conscientizar em relação à *linguagem* que você usa consigo mesmo. O que você verbaliza sobre si mesmo? Esses dias um conhecido meu fez uma afirmação deturpada sobre si mesmo. Em vez de dizer que teve determinado comportamento, ele disse que "era assim", já se tachando de algo como se fosse para a vida toda, como se aquilo nunca pudesse ser mudado. Quando verbaliza algo, você gera um pensamento. Se a verbalização é positiva, você gera um estado emocional positivo. Do contrário, o que você diz pode virar uma crença que limita seu potencial de desenvolvimento.

Perceba que temos o poder de verbalizar o que quisermos e ser quem viemos para ser. Que tipo de linguagem você mais tem usado consigo mesmo no dia a dia?

Esses três elementos juntos – linguagem, fisiologia e foco – têm a capacidade de mudar seu estado emocional e, consequentemente, mudar a sua vida. Vamos aprender um pouco mais sobre cada um deles.

Linguagem

Segundo pesquisas da Universidade da Califórnia conduzidas pelo professor Albert Mehrabian, existem três elementos fundamentais da comunicação humana:

1. As palavras – ou seja, as mensagens verbais – representam apenas 7% daquilo que de fato influencia o comportamento humano.

2. O tom de voz representa 38% da nossa influência. Em outras palavras, o modo como você usa sua voz produz maior impacto do que aquilo que você diz.

3. A fisiologia – ou seja, as mensagens não verbais – representa 55%. Isso quer dizer que a maneira como você usa seu corpo representa a maior parte daquilo que de fato influencia o comportamento.

Você já deve ter percebido que, depois que passamos a nos comunicar pela internet, inúmeras conversas ficaram distorcidas. As pessoas mandam mensagens de texto que muitas vezes não conseguimos interpretar corretamente, já que não ouvimos o tom de voz e não estamos olhando para elas. Isso gera alguns mal-entendidos, como vemos no exemplo a seguir. Ele também ilustra como o significado que damos às coisas a partir de nosso estado interno e de nossa percepção pode mudar tudo.

Conheço uma moça – vamos chamá-la de Mariana –, que é viciada em novas tecnologias e raramente fala ao telefone. Com o namorado ela também se comunica por meio de aplicativos. Certa manhã, depois de conversar com uma amiga que tinha sido traída pelo namorado e que relatou uma série de comportamentos estranhos do parceiro, Mariana decidiu que averiguaria o comportamento do próprio namorado.

Mandou uma mensagem de bom-dia pela manhã e, como sempre, ele respondeu com um bom-dia. Ela achou estranho. Não ouviu o tom de voz dele, e já começou a imaginar que o namorado estava sendo "frio" com ela. Porém, na verdade, ele estava apenas entrando numa reunião de trabalho, sem tempo para conversar de fato.

Dentro da fantasia que ela começou a criar, Mariana enviou outra mensagem: "Está tudo bem?". Lembre-se: ele estava numa reunião de trabalho e não conseguia responder. Prático, mandou apenas um emoji com um sorriso.

Aquilo foi, para ela, a confirmação do distanciamento entre os dois. Começou a gerar um estado emocional negativo, de raiva. Quando deu meio-dia, ela o convidou para almoçar. Ele, mais uma vez, estava trabalhando e disse que não poderia, enviando a resposta: "Dia cheio. Sorry".

Estou trazendo esse exemplo para ilustrar como milhares de comunicações acontecem nos dias de hoje. As palavras usadas por escrito nos aplicativos, a linguagem desconectada do contexto, do tom de voz, do olhar, não podem exprimir a emoção por trás.

Enquanto ele vivia aquele dia de trabalho, pensava em convidá-la para jantar, mas Mariana já recuava, acreditando que ele não tinha mais interesse nela. Perceba que o foco de Mariana na história da amiga a fez criar um cenário que ela mesma acabou acreditando ser real, porque não estava presente para os três elementos da comunicação.

E quando ela disse a si mesma que o namorado estava desinteressado, ela passou a acreditar naquilo e se sentiu rejeitada. Logo, seu dia foi péssimo, porque ela fez uma comunicação completamente equivocada dos fatos para si mesma. Sua linguagem estava errada.

Todos temos a mania de interpretar os fatos de acordo com um prisma pessoal. É raro alguém imaginar: "Será que esta pessoa está respondendo desse jeito porque está com problemas?".

Outro dia, conversando com um amigo, ele disse que, na noite anterior, seu chefe havia delegado a ele algumas tarefas de maneira ríspida. Segundo ele, o líder, que costumava ser alegre e receptivo, tinha enviado um e-mail com tópicos que precisavam ser resolvidos até a semana seguinte.

"Acho que ele está bravo comigo", foi o que ele disse a si mesmo.

Como não conversou com o chefe na manhã seguinte, tratou de fazer tudo o que havia sido pedido, com medo. À tarde, no entanto, descobriu que uma pessoa da família do líder havia falecido, e que ele havia delegado as funções ao subordinado rapidamente, sem pensar muito, porque estava abalado e não teria tempo de fazer isso no dia seguinte.

É importante ter isso em mente. Não apenas nossa própria comunicação nos afeta, como muitas vezes deixamos que a comunicação das outras pessoas nos afete. E podemos fazer leituras completamente equivocadas do contexto quando a comunicação não é feita por meio de uma leitura corporal, do timbre da voz.

Além disso, o significado que você confere aos acontecimentos e às experiências de sua vida determina como você se sente. As palavras que usamos em nossa mente para nos expressar influenciam poderosamente nossas interpretações de significado (ou crenças) e, consequentemente, nossas emoções e comportamentos.

Como é a sua comunicação consigo mesmo? Como é a sua comunicação com o mundo? Como você recebe a comunicação e a percebe e assimila? Como você reage a ela? Podemos tanto exercitar uma linguagem adequada a nós mesmos quanto exercitar uma linguagem poderosa com os outros.

Você pode mudar uma crença, mas, se continuar usando os mesmos padrões de linguagem (por exemplo, "me sinto deprimido", "estou péssimo", "sou feio", "sou burro" etc.), continuará acionando os gatilhos correspondentes aos velhos padrões de emoção e comportamento. Ao mudar os "tijolos" com os quais constrói suas "paredes" – ou seja, ao mudar as "palavras" que usa para expressar seus sentimentos –, você pode ir além. Os tijolos, ou palavras, podem construir muros, que nos limitam e nos impedem de avançar, ou podem construir pontes, que nos levam adiante.

Você pode aprender a usar um novo vocabulário consigo mesmo, uma nova linguagem, que o ajude a mudar alguns comportamentos. Chamo isso de "vocabulário transformacional". Ele pode impulsioná-lo a buscar seu verdadeiro potencial e desconstruir crenças limitantes. Veja na página 64 alguns exemplos do que pode ser mudado em sua linguagem:

OS TIJOLOS, OU PALAVRAS, PODEM CONSTRUIR MUROS, QUE NOS LIMITAM E NOS IMPEDEM DE AVANÇAR, OU PODEM CONSTRUIR PONTES, QUE NOS LEVAM ADIANTE.

Vocabulário transformacional

Em vez de dizer:	Diga:
"Não tem mais jeito."	"Tudo de que preciso está em mim agora."
"Nunca vou conseguir fazer isso."	"Vou lutar para realizar esse sonho."
"Por que isso sempre acontece comigo?"	"O que eu posso aprender com isso?"
"O mundo é uma selva! Temos que matar um leão por dia!"	"O mundo é uma selva, e eu sou o LEÃO!"

Agora proponho um exercício. Pense em algum comportamento seu que mais o incomoda no dia a dia – e que por vezes até o prejudica em alguns momentos. Pode ser falta de paciência com os filhos, estresse no trabalho, sensação de incompetência, ciúme exagerado do(a) parceiro(a) ou qualquer outro comportamento que você gostaria de mudar. Escreva isso no primeiro quadrinho abaixo. E, no quadro ao lado, escreva como você visualiza esse novo estado, como gostaria de se comportar.

O comportamento ou padrão emocional que eu quero mudar é:	O novo estado que eu desejo é:

Para complementar o exercício, escreva a seguir, com a maior quantidade de detalhes possível, quais são seus padrões de linguagem, ou seja, quais são as frases ou pensamentos que você costuma dirigir a si mesmo. Em seguida, mude a chave e adote um vocabulário transformacional: escreva como deveriam, na verdade, ser esses pensamentos.

> Quais são meus padrões de linguagem?

> Quais deveriam ser meus padrões de linguagem?

Incantation

A primeira vez que ouvi falar em incantation foi aos 17 anos, quando li um livro do Tony Robbins. Muito tempo depois, quando eu estava fazendo um curso com o Dale Carnegie, ouvi falar de novo do poder de focar no positivo, do poder do entusiasmo. Eu sabia que estava em busca de alta performance e que um dos passos fundamentais para conseguir isso era a capacidade de conservar o entusiasmo dentro de mim.

Mas o que exatamente é incantation? Segundo Robbins, há uma diferença entre "afirmações positivas" e "incantations". As afirmações positivas muitas vezes são apenas da boca para fora; seu corpo e seu tom de voz não acreditam nelas. Você apenas as diz e pronto. Já as incantations não são apenas frases positivas – quando você as pronuncia, você incorpora o que está dizendo, altera sua postura e seu tom de voz, e faz repetições disso. Isso ajuda você a acreditar mais naquilo e a realmente buscar uma mudança. Em suma, incantation é uma espécie de instrumento mental do entusiasmo. Reforçando nossa capacidade positiva por meio da repetição, criamos imagens positivas dos cenários de nosso dia a dia e de nós mesmos.

Estudos recentes da neurociência explicam que a adoção de novos comportamentos se dá justamente pela repetição. E essa repetição causa a neuroplasticidade, que nada mais é do que a formação de novos caminhos no cérebro – ou, usando um termo mais científico, de novas sinapses cerebrais. A repetição de palavras ou frases pode nos colocar para cima ou para baixo. Se ficamos repetindo que nada vai dar certo, de fato, as coisas tendem a piorar. Por exemplo, se você repete a si mesmo o tempo todo que é um fracassado, que não vai conseguir realizar determinada tarefa, que as coisas estão cada vez mais difíceis, muito provavelmente você vai encontrar mais dificuldades que vão reforçar sua crença negativa. De outro modo, se você coloca seu foco em uma repetição positiva, que faz sentido para você, ela pode trazer coisas muito boas para sua vida.

Antes de entrar no palco para dar uma palestra, sempre repito para mim mesmo: "Esta vai ser a melhor palestra da minha vida"; "Estou aqui porque mereço"; "Tudo vai dar certo". Repetir até acreditar, mudando inclusive sua fisiologia, é importante, porque você cria uma linguagem coerente. Para o seu cérebro, isso é coerente.

Incantation, então, é uma série de repetições de palavras assertivas que podemos fazer a qualquer momento do dia. E quem a utiliza consegue mensurar em alguns dias a mudança no comportamento e nas atitudes. Tony Robbins diz que precisamos repetir exaustivamente, todos os dias, que nascemos para ter uma vida maravilhosa. Hoje, além de fazer isso, tento praticar incantation com todas as pessoas que conheço. Com minha filha, por exemplo, faço quando estamos indo para a escola. Ela, que ainda é uma tela em branco por ser criança e por absorver tudo, repete durante o trajeto que é corajosa, e vê a brincadeira como um exercício para ficar mais feliz ao ir para a escola. Ela diz que vai ter um dia maravilhoso, que não é melhor do que ninguém, e desperta para um novo estado antes das aulas.

Quando chegamos lá, ela já está cumprimentando todo mundo, com uma nova energia. Desde que começamos o exercício, as professoras perceberam a diferença no estado dela. E, com esse exercício, o que estamos trabalhando? A linguagem da minha filha, para que ela mude o próprio estado interno e fique mais segura de si, entendendo que aquilo vai lhe trazer uma autoestima diferente. Ela carrega essa energia e esse entusiasmo a manhã toda.

Em geral as crianças não precisam praticar incantation, porque são naturalmente entusiasmadas. Mas muitas delas, quando estão a caminho da escola, acabam sendo dominadas pelo pensamento de que poderiam estar em casa brincando e focam no que perderam. O incantation, nesses momentos, ajuda, pois ocupa o cérebro com as coisas que queremos que aconteçam.

Já na vida adulta, conservar o entusiasmo no dia a dia às vezes é um grande desafio. Porque entusiasmo não é só estar alegre ou otimista em determinada situação, mas sim ter Deus ou o divino dentro de si. E isso nada mais é que ter a capacidade de criar a própria realidade. Uma pessoa entusiasmada não pode ser detida por nada, porque ela acredita em si mesma mais do que em qualquer outra coisa. Ela acredita na própria capacidade de vencer, de fazer as coisas acontecer. E você deve conhecer pessoas entusiasmadas. Sabe como se portam, como lidam com as situações, como transmitem um brilho diferente das demais. Quando comecei a trabalhar com CEOs de grande sucesso, de alta performance, eu via que eles tinham muito entusiasmo e uma energia que parecia sobrenatural. Mas, na verdade, essa energia estava atrelada à capacidade que tinham de contornar obstáculos no dia a dia.

A única maneira de viver com entusiasmo e contagiar positivamente as pessoas é acreditando em si mesmo. Pessoas entusiasmam pessoas. Ao mesmo tempo, em ambientes hostis, pessoas *desentusiasmam* as outras. Pessoas tóxicas nos puxam para baixo, gerando ambientes tóxicos. Muitas vezes você se dá conta de que está em ambientes que não te nutrem e nos quais as pessoas estão focadas apenas em mostrar o que fazem e o que são umas para as outras, sem se importar verdadeiramente umas com as outras.

Muitas pessoas reclamam que não aguentam cenários assim. Algumas até já me relataram: "isso interfere na minha saúde física e mental". E, acredite, interfere mesmo. Mas como agir de forma entusiasmada apesar de todo o ambiente que nos cerca e tenta nos contaminar? Tendo autoconfiança. E como adquirir essa autoconfiança? Esse entusiasmo? Essa chama interna? É aí que entra o incantation.

Você pode fazê-lo de duas formas: repetir frases positivas sobre si mesmo, como minha filha faz, ou criar frases do que você efetivamente quer que aconteça. No meu caso, costumo repetir, todas as manhãs, uma série de frases que chamo de "objetivos do ser". São frases como: "Quero ser um pai extraordinário"; "Quero ser um filho extraordinário"; "Quero ser um líder que, por meio de meus valores, impacta e transforma a vida das pessoas ao meu redor".

O pensamento é importante, mas a repetição é essencial. Portanto, você deve fazer isso todos os dias. Quanto mais fizer, melhor. Além disso, é necessário falar em voz alta, pois dessa forma você reforça seu propósito de vida. É interessante repetir coisas que você quer viver durante o dia, comportamentos que quer ter, ou mesmo o propósito e o significado que quer para sua vida. Algumas pessoas se perguntam se criar essa expectativa em torno do dia que queremos não pode acabar gerando uma frustração lá na frente, caso tais expectativas não sejam atendidas. Mas a questão é que, se mudamos nosso estado, mudamos tudo. Se mudamos nossa linguagem – bem como nossa fisiologia e nosso foco, como você verá adiante –, ficamos mais confiantes para

A ÚNICA MANEIRA DE
VIVER COM ENTUSIASMO E
CONTAGIAR POSITIVAMENTE
AS PESSOAS É ACREDITANDO
EM SI MESMO.

lidar com obstáculos e impedimentos no meio do caminho, que tentam nos desviar de nosso propósito. E transparecemos essa confiança.

Laiany Dantas é uma esteticista excepcional em seu trabalho, mas tinha muita dificuldade em ter uma boa performance em vendas. Ela estudou em Harvard e se dedica a tratamentos pós-operatórios, mas, a cada dez indicações feitas por médicos, ela só conseguia fechar três trabalhos. Certa vez, perguntei o porquê, e ela contou que era porque seu orçamento era "mais alto".

"Por que é mais alto?", perguntei. Ela, sem pestanejar, respondeu: "Porque é melhor. Eu estudei, me preparo, sei as implicações de um pós-operatório malsucedido".

Então estendemos o assunto, e ela me explicou que essas implicações poderiam gerar sequelas para a vida toda. Só que, quando o orçamento era solicitado, ela não trazia essas questões todas para o paciente.

Depois que expliquei o que ela precisava fazer – em resumo, acessar a dor, se conectar com o paciente e gerar valor, antes de passar o orçamento, deixando ele decidir –, Laiany começou a atuar de outra maneira. Passou a pontuar duas ou três causas e consequências de um tratamento malsucedido e explicar qual era o seu valor. Qual foi o resultado? Na semana seguinte, ela me contou que havia fechado todos os orçamentos de pós-operatório para os quais havia sido indicada.

Em nossa conversa, também falamos sobre autoconfiança. "Por que você também não oferece outros tratamentos para quem vem até você?" Ela titubeou, mas continuei: "Você acredita em seu serviço?". Ela fez sinal afirmativo com a cabeça. "Você acredita que ele beneficia as pessoas?" Ela concordou. "Então ofereça-o." Tudo de que ela precisava, na verdade, era acreditar em si mesma.

Antes, ela não tinha autoconfiança para agir dessa maneira. Então, depois de implementar as mudanças no seu dia a dia e fazer as repetições, tudo mudou. A agenda dela está lotada, e em três meses Laiany ganhou mais do que tinha faturado durante o ano anterior inteiro.

Como você vê, quando despertamos esse poder interior, esse entusiasmo, essa gana de vencer, que vem da crença no que fazemos, podemos repetir isso para nós mesmos, até que estejamos convictos de que estamos oferecendo o melhor trabalho, de que estamos sendo efetivos ao que nos propomos a fazer. Dessa forma, a energia que colocamos em tudo é diferenciada, porque ficamos mais fortes emocionalmente.

Mas, veja: não estou falando em criar um super-herói. Estou falando em substituir uma linguagem negativa por uma linguagem positiva, trabalhando o padrão de linguagem que puxa você para baixo, não traz performance e não te ajuda a lidar com frustrações. A linguagem mais bem utilizada proporciona a você um estado emocional melhor para lidar com tudo o que vem do ambiente. Mudar essa linguagem faz com que você crie coisas que quer que aconteçam. Não é só "pensar positivo". Você gera uma linguagem, que gera um comportamento, que, por sua vez, gera uma ação coerente com isso.

Vou contar outra história que ajuda a ilustrar esse ponto. Uma conhecida minha – vamos chamá-la de Paula – queria prestar o exame para tirar a carteira de motorista, mas o marido vivia dizendo que ela não ia conseguir passar. Nós nos encontramos por acaso, e ela contou que estava quase desistindo da prova por causa dessa crença de que não ia conseguir dirigir. O marido a depreciava, e Paula acreditava no que ele dizia. Dessa forma, o "eu não vou conseguir" gerava uma ação de dúvida e incerteza e, consequentemente, um resultado negativo. O resultado negativo reforçava a crença, e essa crença gerava um pensamento de que o marido tinha razão.

Quando conversamos, perguntei o quanto ela tinha se preparado para aquilo. Eu sabia que ela havia se preparado muito, mas Paula não acreditava na própria capacidade, e preferia acreditar naquilo que o marido dizia. Na sequência, perguntei se em algum momento da vida ela já tinha se sentido poderosa, e Paula logo se lembrou de um momento específico. Conforme ela ia me contando sobre o episódio, sua fisiologia começou a mudar. Sua voz mudou. Era outra postura: a postura de uma pessoa capaz.

Falei para ela manter aquela emoção. Quando Paula mudou o estado interno, perguntei por que ela merecia passar naquele teste, e ela respondeu que tinha se preparado muito. Criamos uma série de frases para ela repetir a si mesma.

Pois bem, depois de algumas semanas, Paula me mandou uma mensagem contando que tinha passado na prova. Ela havia feito as repetições das frases, realmente acreditando que era capaz e, sem saber, alterou até o estado do instrutor que a avaliaria, dizendo: "Moço, hoje é o melhor dia da minha vida, e você é o responsável por torná-lo mais feliz".

E veja que poderoso: a única coisa que trabalhamos nela foi a autoconfiança em relação à sua própria capacidade, reforçada por meio do incantation.

É claro que, se ficarmos só repetindo, nada vai acontecer, porque é uma questão de acreditar. É como quando eu queria escrever meu primeiro livro. Como achava que não era capaz, procrastinei esse sonho durante anos. Logo que comecei, me senti capaz e vivi uma experiência fantástica, porque, ao publicá-lo, percebi o quanto aquilo ajudava as pessoas. Isso me deu forças para entrar em ação e escrever este segundo livro.

Precisamos ter muita atenção na maneira como nos comunicamos com o mundo e como comunicamos o que desejamos para o mundo. A famosa história de Aladim apresenta de uma maneira simples o que eu quero dizer.

Como você deve se lembrar, o jovem Aladim encontra a lâmpada com o gênio e tem direito a três desejos. Só que, quando ele formula o primeiro desejo, o gênio lhe diz: "Existe uma coisa muito nebulosa em querer isso". E o que ele estava querendo dizer? Que o jovem não tinha declarado exatamente o que queria. Ele não tinha sido específico em seu desejo, e, da maneira como o tinha formulado, qualquer coisa poderia acontecer.

PRECISAMOS TER MUITA ATENÇÃO NA MANEIRA COMO NOS COMUNICAMOS COM O MUNDO E COMO COMUNICAMOS O QUE DESEJAMOS PARA O MUNDO.

Você se percebe assim em determinados momentos? Usando uma linguagem que está desconectada em relação àquilo que você deseja para sua vida? Se não sabemos nem pedir o que queremos, como podemos usar de forma correta nossa maior ferramenta, que é a comunicação?

A linguagem, seja com um gênio da lâmpada, com seu chefe, com sua esposa ou seu marido ou com você mesmo, é essencial para manter as relações e para que exista clareza e coerência na sua vida. Não dá para esperar determinado resultado se você comunica que quer outra coisa. É a mesma história do Aladim.

A questão é que precisamos saber quem somos e o que queremos. Estamos desconectados da linguagem porque estamos desconectados de nós mesmos, do que queremos. O que você deseja? Que comportamentos gostaria de reforçar? Como pode aplicar o incantation na sua vida? Convido você a repetir diariamente – e em voz alta – as frases positivas que listou na página 65.

Fisiologia

Se a linguagem corporal também é um elemento da comunicação, ela sempre nos transmite algo.

Eu, você e todas as pessoas do mundo sempre fazemos julgamentos a partir da linguagem corporal – um gesto, uma postura, uma expressão facial. E aqui é importante entender que nossa linguagem corporal – e também nossa fisiologia – pode ser moldada por nossos pensamentos e nossos comportamentos, assim como nossa linguagem.

Antes de entrarmos em mais detalhes, vamos primeiro entender o termo "fisiologia". Trata-se de um ramo da biologia que estuda o funcionamento do corpo dos seres vivos e as funções de cada estrutura. Quando falamos de fisiologia neste livro, estamos cuidando não apenas de seu estado interno, mas também de sua qualidade de vida para a maior longevidade.

Na seção anterior, discutimos como a linguagem pode ser trabalhada para ajudá-lo a viver melhor. Agora é importante saber que você pode estabelecer uma fisiologia condizente com um estado mental positivo e com sua saúde física e emocional, levando-o a uma performance melhor em todas as áreas de sua vida.

Quando temos desafios na vida, precisamos saber como lidar com eles. Hoje meus desafios são maiores, e por isso tenho ainda mais cuidado com tudo o que vai repercutir na minha performance: cuido da alimentação, da respiração, dos exercícios, do sono e faço exames periódicos com uma médica especialista em medicina esportiva, a dra. Karen Pachon. Além de cuidar de mim, ela cuida de atletas de alta performance, e se concentra em como posso performar melhor no dia a dia.

Então, se você quer acessar determinados estados, saiba que pode dispará-los apenas ao cuidar melhor de sua fisiologia. Por exemplo, se você praticar algum esporte, naturalmente vai se sentir melhor. É fisiológico. Seu corpo fica bem-disposto, sua oxigenação melhora e quimicamente você passa a produzir determinado conjunto de hormônios que são benéficos. Passar um fim de semana deitado no sofá, sem se movimentar, é bem diferente de passar um fim de semana fazendo atividades físicas. Porque, quanto mais você se movimenta, mais benefícios fisiológicos tem. Ou seja: você tem em suas mãos o controle de mudar sua fisiologia – e esta, por sua vez, impacta diretamente seu estado emocional.

Quando quero tirar alguém da zona de conforto, por exemplo, gosto de sugerir que a pessoa pratique um esporte radical. Isso vai tirá-la do estado normal e fazê-la sentir algo diferente, como adrenalina. Se você pega um elástico e o deixa esticado durante vários dias, depois ele muda sua forma. Não volta ao estado normal. Essa expansão é importante. Trazendo esse exemplo para o mundo real, as pessoas que mais praticam mais têm resultado. E esse processo nunca para.

Além dos exercícios físicos, a postura corporal também pode nos ajudar a obter uma fisiologia melhor. Você já deve ter se encurvado

SE VOCÊ QUER ACESSAR DETERMINADOS ESTADOS, SAIBA QUE PODE DISPARÁ-LOS APENAS AO CUIDAR MELHOR DE SUA FISIOLOGIA.

quando estava triste – muitas vezes sem nem perceber – e também já deve ter assumido uma postura de vencedor, ereta, quando estava confiante. Certas posturas, quando feitas durante alguns minutos, têm o poder de mudar alguns comportamentos negativos.

Lembram do caso do Johnny, no Capítulo 1? Uma das coisas que ele trabalhou foi justamente sua fisiologia. Antes, ao conversar com o chefe, Johnny sempre mantinha uma postura mais encurvada, cabeça mais baixa. Com seu processo de transformação, ele passou a se colocar numa postura mais ereta, olhando o chefe no olho, e essa mudança de fisiologia gerou nele um estado interno de autoconfiança, de segurança.

Assim, se você se sente triste ou derrotado por alguma razão, repare em sua postura. Se estiver encurvado, tente ficar ereto. Se você se sente irritado ou está com raiva de algo ou alguém, verifique como está seu pescoço. Ele está rígido de tanta tensão? Tente relaxar. O primeiro passo é perceber a postura desencadeada por certas emoções. Depois, você pode, pouco a pouco, tentar mudá-las.

A seguir, proponho um exercício similar ao da página 64. Repita nos dois primeiros quadros o comportamento que você gostaria de mudar e o novo estado que deseja, mas agora liste os padrões *fisiológicos* que identifica em si mesmo (postura encurvada? Cabeça baixa? Olhos que demonstram insegurança?) e os novos padrões que gostaria de adotar.

O comportamento ou padrão emocional que eu quero mudar é:	O novo estado que desejo é:

> Quais são meus padrões de fisiologia?

> Quais devem ser meus padrões de fisiologia?

HeartMath

Quando digo que a fisiologia é importante para mudar nosso estado emocional, é essencial que você tenha algumas informações que médicos renomados e estudiosos têm trazido a respeito da questão da *coerência cardíaca*.

Antes de explicar sobre ela, gostaria de lembrar você de um dado alarmante, que já mencionamos aqui: hoje, mais de 90% das pessoas vivem em um estado de estresse crônico. E esse estresse afeta não só a saúde mental e emocional como também a física. A fim de ajudar pessoas que sofrem com esse problema, o dr. Fábio Gabas, autor do livro *Despertando vidas: fuja das doenças do mundo moderno* (2015) e especialista em medicina integrativa e funcional, ensina técnicas e exercícios para melhorar de modo significativo a saúde física e emocional das pessoas, comprovadamente ajudando a melhorar a disposição e a energia delas, além de modificar estados emocionais, valores, crenças e níveis de consciência que determinam nossa percepção do mundo.

O dr. Fábio é o criador da HeartMetrix, uma empresa pioneira em soluções complementares para o gerenciamento do estresse através do equilíbrio autônomo. E foi com ele que aprendi a respeito do HeartMath, sobre o qual vamos falar agora.

Em primeiro lugar, quero reforçar o que já expliquei anteriormente: nossa fisiologia pode ser usada a nosso favor, para transformarmos nossos estados emocionais, e, quanto mais a conhecemos, mais conseguimos resultados positivos.

Por isso, é muito importante que você esteja atento ao modo de funcionamento de seu organismo, e o dr. Fábio explica isso brevemente. Ele conta que o sistema nervoso autônomo controla mais de 90% das funções do corpo e tem dois eixos principais: o acelerador, chamado simpático; e o freio, chamado parassimpático. Esse sistema faz parte do sistema nervoso central e cuida das ações automáticas do corpo, ou seja, a respiração, os batimentos cardíacos, as glândulas sudoríparas, as funções intestinais etc.

Por que estamos falando disso? Porque é muito importante que esse eixo esteja em equilíbrio. Como ele mesmo diz, "fora desse equilíbrio, você começa a ter problemas; por exemplo, problemas de digestão, de sono, de pressão arterial, de batimentos cardíacos e muito mais".

E sabe quem é o principal vilão que agride o sistema nervoso autônomo? O estresse descompensado. O estresse, em geral, é bom. Ele nos fortalece, nos prepara para o perigo, nos torna adaptados a determinados ambientes. É muito importante para nosso crescimento. O problema é quando esse estresse ultrapassa o limite de adaptação de cada um e começa a se tornar prejudicial.

Quando estamos com excesso de estresse, isso faz o eixo simpático trabalhar demais, e o parassimpático fica se matando, tentando obter o equilíbrio. Chega um momento, porém, que o estresse é tanto que se torna crônico, e o próprio sistema entra em falência.

Há alguma forma de avaliarmos nosso sistema nervoso, para verificar se estamos em equilíbrio? A resposta da medicina é: sim. Fazemos isso através da variabilidade da frequência cardíaca. Porque o coração é inervado pelas fibras do sistema nervoso autônomo, então os batimentos cardíacos não são aleatórios. O coração, por meio dos batimentos, traz dados que podemos interpretar, e se algo está errado com nossa coerência cardíaca podemos atuar para corrigir esse problema.

Por meio da compreensão desse gráfico do coração – o chamado HeartMath –, é possível entender como está o corpo inteiro: se apresento predisposição para uma doença crônica, se tenho predisposição para problemas emocionais, se estou em uma condição cardíaca e próximo da morte.

Em suma, o HeartMath, nas palavras do dr. Fábio, "é um código que reflete o estado do organismo".

O movimento dos batimentos cardíacos pode acelerar e desacelerar. E, quando você coloca isso num gráfico, ele pode estar em desarmonia ou harmonia, ou seja, em baixa ou em alta coerência cardíaca. Essa coerência cardíaca é um reflexo de como está seu sistema nervoso autônomo, e ela pode ser manipulada, de forma a equilibrar o sistema nervoso autônomo.

Ainda segundo o dr. Fábio, existe uma forma simples – e cientificamente comprovada – de proporcionar um estado de coerência cardíaca: "Você coloca a mão no coração e faz uma respiração lenta e profunda, visualizando esse ar circulando em torno do seu coração. Depois desse movimento de respiração, você visualiza situações que lhe trazem bem-estar. Pode se imaginar ao lado de sua família, relembrar um local que lhe traz muita paz, fazer uma oração... Esse movimento de visualizar o que lhe traz paz e serenidade se revela muito útil para criar o estado de coerência. Mente e coração em perfeita harmonia, trazendo equilíbrio para tudo que é ligado a nosso sistema nervoso autônomo".

Existe um eixo de comunicação entre o coração e o cérebro. O interessante é que mais de 80% das fibras nervosas que estabelecem essa comunicação partem do coração e vão para o cérebro. E menos de 20% saem do cérebro rumo ao coração. "Ou seja, é o coração que se comunica com o cérebro, não o contrário."

Essas fibras que saem do coração e vão para o cérebro desembocam numa estrutura chamada tálamo, que é o sincronizador de atividades do córtex cerebral, especialmente do córtex pré-frontal, especializado em estratégias, criatividade, articulação. "Quando nosso coração está enviando sinais de coerência para o cérebro, temos uma otimização da função cortical, melhorando nossa visão estratégica, nossa articulação – questões tão importantes nos dias de hoje, em termos de produtividade – e nosso bem-estar, gerando um equilíbrio para a sua vida", completa ele.

Quando você está no estado de coerência cardíaca, consegue perceber e observar seus pensamentos e ações. "É como se houvesse juiz presente ali, que não deixa você reagir impulsivamente e colocar tudo a perder", ele diz. Além disso, você tem redução do cortisol (um hormônio que costuma ser liberado em períodos de estresse), mais qualidade de sono, menos degradação dos músculos e proteção contra engordar com facilidade. Afinal, "a redução de cortisol faz você reduzir o impulso de comer porcarias que sabe que não deve comer".

Assim, o dr. Fábio lembra que é importante fazer o exercício do coração algumas vezes por dia. "Respire profundamente com a mão no coração, observe o dia a dia, e você certamente mudará seu estado. E, mudando seu estado, você muda o rumo do seu dia, em vez de perpetuar um dia desagradável de conflitos."

Por conta de tudo isso que o dr. Fábio nos explica – e por conta de tudo o que aprendi sobre fisiologia –, faço diariamente uma respiração que trabalha o nível fisiológico, colocando a mão no coração, respirando e sentindo imediatamente uma integração entre respiração e coração. Nesse momento, também relembro momentos positivos da minha vida ou até os digo em voz alta. Quando mudamos a fisiologia por meio desse exercício, mudamos os sentimentos e as emoções. Quando mudamos os sentimentos e as emoções, mudamos um comportamento. E quando mudamos um comportamento, alteramos um resultado negativo.

Mudando a fisiologia, você muda tudo.

Hoje em dia há aplicativos que nos ajudam a mapear tudo isso. Eles avaliam sua frequência cardíaca e indicam se você está acessando emoções desgastantes ou renovadoras. Isso nos ajuda a identificar nossos altos e baixos até que encontremos nossa coerência.

Nos meus treinamentos, também gosto muito de trabalhar a respiração e elevar os participantes a uma coerência cardíaca. Além de orientá-los a fazer a respiração, conforme descrevemos acima, peço que eles imaginem uma tomada no próprio coração, conectada a uma tomada no coração da pessoa ao lado. O que acontece com um ambiente onde quase 2 mil pessoas estão com a coerência cardíaca conectada? Ele explode. A energia de todos se conecta, e as pessoas sentem um bem intenso no corpo.

Para alguns, isso cria um vício. É o caso das pessoas que repetem o treinamento porque querem vivenciar aquela sensação de conexão mais uma vez. Mas meu desafio é que os alunos aprendam a fazer isso sozinhos, para não se tornarem reféns de ninguém.

Se você conhece as estratégias para mudar seu estado, se é capaz de buscar dentro de si aquilo que lhe faz bem, já é uma maneira de começar a mudar sua fisiologia sozinho.

Quando você tem uma reunião importante, por exemplo, pode fazer uso dessa técnica. Coloca a mão no coração, respira profundamente e começa a verbalizar coisas positivas que aconteceram com você, relembrando eventos que lhe fazem bem. Isso faz com que você seja inundado com pensamentos e sentimentos positivos. E por que colocar a mão no coração? Porque a parte do corpo onde mais temos sensibilidade são as mãos.

A coerência cardíaca é fundamental para termos um bem-estar contínuo na vida. As pessoas que mais meditam têm essa coerência. Às vezes buscamos coisas complexas para resolver nossas questões emocionais, quando, na verdade, o que precisamos fazer é simples. Essa respiração integra os três elementos: linguagem, fisiologia e foco.

Essa conexão do coração também nos capacita a entrar em sintonia com nossa intuição. Alguns estudos do HeartMath Institute mostraram que uma menina cuja mãe estava em outro país se conectava com ela mesmo longe, sabendo o que a mãe sentia. Quando uma pensava na outra, as duas entravam na mesma coerência cardíaca. Como isso acontece? Por meio da nossa capacidade de nos conectar através do coração e sintonizar com nossa intuição.

Em relacionamentos amorosos, quando um está coerente e o outro, incoerente, as brigas se tornam inevitáveis. Se você está numa frequência cardíaca e chega em casa e seu parceiro ou sua parceira está com outra frequência, mais baixa, é difícil fazer com que a outra pessoa eleve a frequência e atinja o mesmo ponto que você. Em geral, a pessoa com a vibração mais baixa faz com que o outro baixe a própria energia para se igualar a ela. É o caso das pessoas que estão bem e, quando encontram o parceiro, se sentem "sugadas".

É preciso trabalhar essa frequência para que, quando vocês se encontrem, não fiquem tão desconectadas.

Conexão pelo coração é a chave para seu entendimento do mundo e das pessoas a sua volta. Se, no seu dia a dia, você fizer a respiração focada no coração, já vai ter o resultado de que precisa para encontrar coerência cardíaca. E só isso já vai te ajudar a mudar seu estado. Por que você não tenta?

Foco

O que está constantemente na sua cabeça?

Se você acorda de manhã e faz o exercício do incantation mostrado no capítulo anterior, visualiza o que precisa fazer no dia e observa como está sua postura, isso significa que está preparado para enfrentar seus desafios diários. Essa preparação é essencial. Precisamos frequentemente focar naquilo que queremos.

CONEXÃO PELO CORAÇÃO É A CHAVE PARA SEU ENTENDIMENTO DO MUNDO E DAS PESSOAS QUE O CERCAM.

O problema é que muitas pessoas focam naquilo que não querem, ao invés de focar naquilo de que precisam, principalmente porque ficam dispersas pela tecnologia, pelas redes sociais, sem saber para onde dirigir o pensamento. A questão do foco começa quando não dominamos nossa mente e a deixamos perdida, vagando para onde a atenção chama.

Quando trabalhamos a linguagem e a fisiologia para afastar as crenças e os comportamentos negativos, reforçando o lado positivo, estamos nos predispondo a filtrar nosso foco. Criamos um cenário diferente que nos dá um foco diferente para tudo o que vamos olhar. É quase como colocar uma lente de contato para enxergar tudo de outra forma.

Talvez você esteja lendo este livro porque está passando por uma série de questões em sua vida. Por isso, agora, quero que preste atenção às seguintes perguntas:

- Quais pensamentos constantes você tem tido?
- Que questionamentos tem feito a si mesmo(a)?
- Quais dúvidas estão tomando conta de sua vida?

A ideia é que, ao responder a essas perguntas, você consiga descobrir onde está colocando seu foco. Eu costumo dizer: o que está na sua mente é o que você vai encontrar na sua frente. Acesse sua dor e enxergue quanto de foco você coloca nela – porque, quanto mais foco colocar nessa dor, maior a probabilidade de ela gerar um estado depressivo. E esse estado dá origem a um resultado e um comportamento ruins.

Depois de identificar seu foco, faça um redirecionamento dele, definindo onde quer colocá-lo. Vale lembrar que uma coisa é entender e observar a dor, para ver se seu foco está totalmente nela. Outra bem diferente é ficar preso ao problema: se você fica preso ao problema, você não encontra a solução. E, estando preso a um estado negativo durante muito tempo, você entra num círculo vicioso.

Vou dar um exemplo simples: quando eu e meu irmão éramos adolescentes, ele levou um fora de uma garota e decidiu embarcar na fossa. Ele ouvia a mesma música o dia inteiro, e a estratégia dele era ficar pior. Ele queria apreciar a fossa. Mas acessar a dor não é optar pelo sofrimento nem criar um ambiente melancólico para se sentir pior. Acessar a dor é apenas entender que ela existe e perceber que ela precisa de uma solução, por meio de um reajuste de foco.

O foco é a história que você conta para si mesmo. Qual estado você está alimentando? Estado de tristeza? De leveza? De alegria? Que estado quer alcançar? De que forma pode chegar ao estado que deseja? Como expandir e pensar de forma diferente?

Todo comportamento é originado, determinado e conduzido por uma crença. Uma crença é um estado de certeza sobre o que algo significa. Quanto mais sabemos a respeito de nossas crenças, mais podemos entender/prever nossos comportamentos. Quando você conhece a fonte de todos os seus comportamentos (ou seja, as crenças que orientam o foco), você sabe precisamente o alvo que deve buscar para impor qualquer mudança, o foco que deve ter.

Você até pode mudar seu ambiente e seus relacionamentos, mas, ainda assim, seus resultados continuarão sendo determinados por seus comportamentos. Você pode tentar mudar seus comportamentos, mas eles continuarão sendo determinados por suas crenças.

A seguir, apresento um exercício para que você comece a entender quais são suas crenças, baseando-se em algumas situações de sua vida:

1. Como você se define quando toma decisões inteligentes e corajosas, orientadas não somente pelo momento presente e pelas circunstâncias, mas por seus mais altos valores e por seu propósito de vida?

QUAL ESTADO VOCÊ ESTÁ ALIMENTANDO? ESTADO DE TRISTEZA? DE LEVEZA? DE ALEGRIA? QUE ESTADO QUER ALCANÇAR?

2. Como você se define quando toma decisões equivocadas e medrosas, orientadas somente pelo momento presente e pelas circunstâncias, e não por seus mais altos valores e por seu propósito de vida?

3. Qual dessas duas definições sobre você mesmo tem sido mais exercitada em sua vida ultimamente?

De acordo com a resposta à pergunta 3, podemos entender suas crenças sobre sua identidade e sobre o modo como você se define. Muitas vezes, de tanto ouvirmos os outros nos julgarem ou nos definirem com adjetivos específicos, passamos a acreditar nisso, e de certa forma essa profecia se torna "autorrealizável". Por exemplo, se um pai constantemente chama o filho de "burro", imagine a autoestima dessa criança, que cresce acreditando que não tem potencial para nada na vida! Nesse caso, ela tem uma crença no nível da identidade, e essa é a mais poderosa crença que alguém pode ter. Mas, justamente por ser uma crença, ela pode ser ressignificada e alterada, quando você percebe que ela lhe faz mal. E é isso que queremos trabalhar aqui: que você reajuste o foco das suas crenças.

Vamos fazer mais um exercício que pode ajudá-lo a ajustar algum comportamento seu que vem gerando resultados negativos. Repita nos dois primeiros quadros o comportamento que você gostaria de mudar, conforme já listado nos dois últimos tópicos, mas agora pense em relação ao *foco*. Será que você está focando em algo que não está te trazendo bons resultados? Como pode ajustar seu foco?

O comportamento ou padrão emocional que eu quero mudar é:	O novo estado que desejo é:

Em que eu acredito hoje (foco) para me sentir/comportar assim?

Em que eu terei que acreditar (focar) para me sentir/me comportar de uma nova maneira?

Com a palavra, Claudia Vacilloto, psicóloga

Com que intensidade e frequência você se sente da maneira como se sente? Sentir tristeza de vez em quando é normal, é uma emoção que vem e vai em nossa vida, mas, se você está frequente e intensamente triste, isso é sinal de alerta, pois pode ser uma depressão. Nesse caso, a primeira coisa a fazer é pedir ajuda profissional, para lidar com isso da maneira mais correta.

Talvez você precise de ajuda médica, recorrendo a medicamentos, pois em alguns casos a depressão tem origem em uma conexão química do corpo que não está sendo feita. Em outros casos, você pode precisar apenas de terapia, e até mesmo de uma integralidade no cuidado, como atividade física e alimentação balanceada.

Muitas vezes, algo de repente nos faz levantar um "tapete" em nossa mente e tirar algumas coisas que estavam abafadas, escondidas lá embaixo. Isso pode ser decorrente de algum chacoalhão que tomamos na vida, de algum amigo que nos abriu os olhos, ou mesmo um mentor que enxergou coisas diferentes em nós. Quando você levanta esse tapete, quais são os próximos passos? Buscar ajuda e focar na solução. Quando você olha para seu problema com consciência e percebe que algo está errado, essa já é uma forma de ir atrás da cura.

Durante muito tempo, por ignorância, as pessoas achavam que buscar ajuda psiquiátrica era para indivíduos loucos. Na época em que fiz faculdade, muita gente achava que até mesmo a psicologia era só para quem tinha problemas mentais e doenças; muitos não entendiam que psicologia também é um olhar para si mesmo. Antigamente, ninguém entendia que depressão é uma doença, e não se sabia a causa dela. Hoje, felizmente, há muitos estudos sobre o assunto e sobre outros transtornos psíquicos. Os transtornos de ansiedade, por exemplo, são os mais comuns – segundo dados da Organização Mundial da Saúde (OMS) divulgados em 2019, o Brasil tem o maior número de pessoas no mundo com transtornos de ansiedade. São 18,6 milhões de brasileiros convivendo com isso, ou seja, quase 10% da população. Isso é quase uma epidemia.

Mas essa ignorância em relação à psicologia e à psiquiatria é muito prejudicial à recuperação das pessoas. Por exemplo, muita gente acredita que pode se tornar dependente de remédio, e aí acaba deixando de usar um medicamento recomendado pelo psiquiatra e que poderia ajudar de verdade. Ou então tem medo de sofrer preconceito caso revele que toma medicamento para algum tipo de doença psíquica. Afinal, muita gente acha que depressão é frescura, é preguiça, e não é. A questão é que existem doenças psíquicas que são inclusive herdadas geneticamente, e isso precisa ser tratado por um profissional especializado, de forma correta.

As pessoas podem ser diagnosticadas e levar uma vida tranquila. Eu, por exemplo, precisei de ajuda quando passei por uma grave crise de *burnout*, e me lembro que sofri preconceito por causa disso. É importante olharmos com atenção para as questões que precisam ser tratadas emocional e quimicamente.

Minha pergunta primordial

Qual é a sua "pergunta primordial"? Quando você a formula, abre um campo de estratégias que podem ajudá-lo a definir um foco e a chegar aonde quer na vida.

Mas como descobrir qual é a sua pergunta? No exercício a seguir, primeiro vamos fazer um levantamento do foco que você tem dado à sua vida. Esse movimento vai permitir que você tenha pensamentos coerentes com o que deseja para si mesmo.

> Qual tem sido o foco primordial de sua vida? Onde/de que forma você tem consumido seu tempo, sua energia, sua vida?

> Pelo que você viveu até hoje? Sobre o que foi sua vida até agora?

Agora que você descobriu no que tem mantido seu foco, responda aos questionamentos abaixo:

> Quais questionamentos e julgamentos eu mais faço a mim mesmo no dia a dia?

Como esses questionamentos e julgamentos têm me ajudado até agora? (efeitos positivos)

Como esses questionamentos e julgamentos têm me prejudicado? (efeitos colaterais)

Se eu pudesse ressignificar esses julgamentos e questionamentos em uma pergunta que atendesse às minhas necessidades, mas que, ao mesmo tempo, não me causasse dor, como seria essa pergunta?

A resposta a essa última questão representa a sua "pergunta primordial", ou seja, a pergunta que vai levá-lo para a ação e colocá-lo em constante movimento positivo, em vez de limitá-lo. Mas cuidado para não criar uma pergunta negativa, ou seja, que o deixe "para baixo". O ideal é compor uma pergunta com viés positivo, que impulsione você em busca de mudanças.

Alguns exemplos de perguntas primordiais negativas são: "Por que não consigo emagrecer?"; "Será que as pessoas não gostam de mim?"; "Será que nunca terei sucesso profissional?"; "Por que somente os outros são promovidos?".

Em vez disso, busque colocar positividade na sua pergunta, construindo algo como: "De que forma posso contribuir e me conectar mais com as pessoas?"; "Como posso viver mais o meu bem-estar sem perder o foco profissional?"; "Como posso me relacionar melhor com as pessoas sem precisar dizer sim para tudo?".

Agora que você especificou sua pergunta primordial, vamos pensar um pouco mais sobre ela:

Quais estados emocionais essa pergunta primordial gera em mim?

Quem sou eu com essa pergunta primordial?

A ORIGEM DE NOSSO VAZIO

> "Nosso cérebro é como um velcro para más experiências
> e como Teflon para as boas experiências."
>
> *Rick Hanson*

"Minha vida está sem sentido."

O discurso daquela mulher, que corajosamente se levantou no meio de um evento para 2 mil pessoas, me comoveu, assim como tantos outros que surgiam no APP, evento em que focamos em performance pessoal. O nome dela era Saliza.

Eu não sabia nada sobre ela naquele momento. Não sabia que era uma empreendedora em busca de cursos de desenvolvimento pessoal que tinha me visto em outro evento, meses antes. Não sabia que ela estava ali para melhorar sua performance profissional e muito menos que, no dia anterior ao treinamento, ela tinha voltado para casa com os olhos cheios de lágrimas.

Também não desconfiava que ela tinha passado o dia com uma sensação estranha, meio enjoada, sem saber ao certo o que estava sentindo, e que tudo aquilo ganhara força quando comecei a falar sobre matriz familiar (conceito que abordarei ao fim do capítulo) e sobre como cada pessoa herda traços da família que, se não são bem resolvidos, atravancam nossa vida.

Quando ela decidiu pedir para falar, já sabia que tinha algum vazio dentro de si, e precisava descobrir como olhar para ele e de que maneira poderia entendê-lo.

Como eu sempre fazia, escutei seu relato. Ela disse que se sentia presa. Tudo que fazia gerava culpa. Se sentia sempre triste. Não conseguia entender a raiz disso tudo, nem a origem de seus vazios.

Foram necessárias algumas perguntas para que ela começasse a destrinchar o caso. Perguntei coisas como: "O que te move hoje em sua vida?"; "Você tem medo de alguma coisa?"; "Qual é a sua maior dor?". Saliza então, aos poucos, foi contando que tinha sido abusada pelo padrasto na infância e que não conhecia o pai biológico. Seu relato comoveu todas as pessoas ali presentes, e fizemos um trabalho de ressignificação de suas memórias, para que ela pudesse sair do campo da dor. De início, eu disse a ela coisas como: "Você não é o que aconteceu com você. Você não é o seu passado. Esse passado não existe mais, pois você está no presente e, a partir de agora, você pode contar a história que quiser. Já pensou que tudo o que passou pode servir para ajudar mulheres no mundo que ainda estão presas na própria dor? Já pensou na linda missão que você tem?". Foi nesse momento que ela começou a chorar e disse: "Foi justamente essa a missão que defini para mim mesma durante o treinamento: ajudar outras mulheres".

Só de olhar para ela eu já sabia: era uma mulher que tinha se transformado em alguém forte para superar grandes perdas. Estava ali para compartilhar a própria história e servir de exemplo para as pessoas superarem tudo.

Falei que ela ia conseguir sair daquele estado emocional, que ia conseguir descongelar as próprias emoções. E não sabia naquele momento como aqueles dois dias de treinamento tinham tocado fundo sua alma. Só entendi a dimensão daquilo tudo, de quanto o treinamento havia mexido com ela, quando recebi uma mensagem de Saliza numa rede social na semana seguinte: "Você me colocou nessa merda, agora precisa me tirar dela".

Conversamos em outra ocasião, e ela disse que estava se sentindo confusa. Nunca tinha acessado aquela dor. Sabia que existia o vazio, mas não imaginava a origem. "O que está acontecendo?", ela perguntava, desnorteada. "Preciso de alguma coisa para saber o que estou sentindo." No dia seguinte, ela começou a ler um dos livros que indiquei e que falava do equilíbrio das energias feminina e masculina. Mas ela só conseguia enxergar que não tinha nada disso dentro de si mesma.

Decidida, foi buscar mais ajuda e, ao fazer um tipo de terapia chamado "constelação familiar", ela entendeu que precisava encontrar o pai biológico. E foi atrás dele. No caminho, lembrava das minhas palavras: "Para que se arrastar se você pode voar? Para que viver com tanto peso?".

O pai morava em outra cidade, e quando ela chegou lá não foi tão simples encontrá-lo. Mas Saliza estava decidida a fazer isso. Depois de uma investigação minuciosa, finalmente o encontrou, e quando os dois ficaram frente a frente, e seus olhares se encontraram, foi como se todos os fios desencapados de sua mente tivessem entrado de volta nos eixos. A dor dela cessou.

"Não estou atrás de nada. Só queria saber minha origem", ela lhe disse. A partir daquele dia, Saliza passou a ter um pai e a ter uma conexão com ele.

Quando nos reencontramos, ela já não estava com as emoções congeladas. Não tinha mais mágoa do passado, nem aspecto de tristeza; sua postura corporal era outra, e ela não mais adotava uma atitude de defesa contra o mundo. Hoje, sempre que a convido para voltar ao palco do APP para contar sua história a outros participantes, ela explica como superou suas dores e como desenvolveu uma força interna para enfrentar tudo. Se diz completa, inteira, equilibrada, sem se arrastar pela vida. O desejo dela é ajudar outras mulheres a sair do estágio da dor para poder viver o prazer. Dessa forma, ela propicia a esperança.

***

Um dos pontos importantes que discuti com Saliza na época foi que, embora sua dor tenha sido profunda, foi justamente o fato de ter doído bastante que a impulsionou a conquistar tudo que ela tinha. Aquela dor acabou fazendo com que ela tivesse forças para se defender e lutar contra o mundo.

Hoje conheço pessoas que se motivam por algo que não querem mais. Estão no limiar da dor – como aquela história que contei no capítulo anterior, sobre o homem que disse que arrancaria a perna se fosse possível eliminar a dor da hérnia.

Por isso, com algumas pessoas, uso a estratégia de fazer doer mais. Aquilo está tão próximo de gerar uma mudança que é mais fácil fazer doer mais do que realizar uma transformação, tirar do estágio da sobrevivência, gerar um prazer para só depois encontrar o propósito que vai impulsioná-lo para a mudança.

Muitas vezes, não adianta falar de propósito para uma pessoa que não está conseguindo pagar as contas. Essa pessoa está preocupada com a própria dor. Foi o que aconteceu com Saliza. A estratégia que ela tinha adotado inconscientemente ao longo da vida era usar a dor como uma couraça para se armar e seguir em frente. O problema é que isso afastava todos ao seu redor. Ela estava sempre na defensiva, não se permitia relaxar, não permitia que outros se aproximassem muito dela. Aquele estado emocional não lhe trazia satisfação nem vida plena. Depois que tomou consciência de tudo isso, ela passou a reconhecer as próprias necessidades – de ser amada, de ser reconhecida como ser humano. Mas essas necessidades foram geradas a partir de seus medos.

Você pode estar se perguntando: "Mas, P.A., de onde surgem tantos medos?". A verdade é que a maioria deles vem da nossa infância.

No caso da história que acabei de relatar, aquela mulher trazia em si alguns medos de seu passado, e sua matriz familiar escancarou os chamados "condicionamentos parentais". Sabe quando dizemos que não somos parecidos com nossos pais, mas copiamos exatamente o modelo que eles traziam de comportamento e atitudes? Muitas vezes nem percebemos que estamos agindo da mesma forma que eles. Por isso é importante entender a própria matriz familiar. No final deste capítulo, trago um exercício para que você entenda a relação de seus avós e pais com determinados aspectos da sua vida. Compreendendo esses comportamentos, você passa a se entender e a se conhecer um pouco mais. Por meio da consciência desses condicionamentos, muitas vezes encontramos a origem de nossos medos.

Quando não temos consciência, porém, ficamos presos ao vazio, como acontecia com Saliza. As pessoas que estão ligadas no piloto automático não têm consciência de seu grau de insatisfação com a vida. Elas só se enxergam quando param ou quando têm uma doença.

É importante que saibamos que sentir emoções faz parte da vida. No entanto, se ficarmos presos a emoções ruins ou às situações que geraram essas emoções, podemos nos prejudicar. Porque sempre que lembramos de determinada situação, aquela sensação surge.

Se você já identificou algumas situações em sua vida que o levaram a congelar suas emoções, é importante que, em primeiro lugar, tome contato com a sua dor, com a origem disso tudo. Se determinadas situações fazem com que você ainda sinta algumas coisas, é porque algumas emoções estão congeladas. Uma pessoa que sofreu um abuso na infância, por exemplo: quando alguém tenta controlá-la de alguma forma, ela sente a emoção, mesmo que não tenha a lembrança. Além disso, ela em geral fica presa a um sentimento de culpa, porque em seu inconsciente ela acredita que o que aconteceu foi provocado por ela mesma. Ela acaba se identificando com uma emoção negativa e precisa ressignificar aquela crença, tendo a consciência de que não é aquilo. Quando Saliza identificou sua matriz familiar, foi pouco a pouco aprendendo a origem de seus vazios e de seus medos. Depois disso, conseguiu se conectar com as emoções que estavam presas em seu corpo.

A transformação do estado de dor para o de prazer é fundamental. E é interessante que possamos vivenciar o que traz prazer para nossa vida. As pessoas costumam contabilizar mais a dor do que o prazer, porque o cérebro está mais predisposto a ela. Há muitos estudos que demonstram isso, como os feitos pelo psicólogo Rick Hanson, citado na epígrafe deste capítulo. Mas não precisa ser assim.

Se começamos a falar de transformação, é necessário primeiro detectar nossas emoções congeladas, porque elas nos deixam presos a emoções ruins. Então o tipo de pensamento que você está mais predisposto a ter pode estar relacionado a um tipo de emoção negativa ou de defesa que você nem sabe que tem. Quando as emoções negativas intensas consomem toda a nossa atenção e o nosso foco, impedindo que atendamos a qualquer outro comando, isso é chamado de "sequestro da amígdala", termo usado pelo psicólogo Daniel Goleman, mundialmente reconhecido por sua habilidade em treinar pessoas para desenvolver a inteligência emocional.

A amígdala é a região de nosso cérebro que controla nossas reações a determinados estímulos. Quando ocorre o "sequestro da amígdala", temos uma reação emocional incontrolável, quase desproporcional ao estímulo que a desencadeou. É como se perdêssemos a capacidade de raciocinar e ficássemos completamente vulneráveis às emoções. Isso pode acontecer diante de fatos cotidianos simples, que causam estresse.

Já deu para notar, então, a importância de identificar suas emoções negativas que estão congeladas?

Emoções congeladas

Existe uma história que ilustra bem o que eu quero dizer com o termo "emoções congeladas".

Uma princesa num reino distante foi vítima da maldição de uma bruxa má. Essa maldição congelou não só a ela, como todos do reino onde vivia.

No momento em que todos foram congelados, estava havendo uma pequena discussão na cozinha do palácio. O cozinheiro brigava com o mordomo, e um foi dar um tapa na cara do outro.

É NECESSÁRIO DETECTAR NOSSAS EMOÇÕES CONGELADAS, PORQUE ELAS NOS DEIXAM PRESOS A EMOÇÕES RUINS.

A cena se congela aí.

Imagine que, cem anos depois, esse feitiço acaba. Tudo é descongelado. O cozinheiro e o mordomo também despertam, e o tapa, congelado no meio do caminho, é desferido como um golpe, sem que nenhum dos dois tenha percebido quanto tempo se passou.

Entende o que eu quero dizer com essa analogia? Perceba quantas emoções congeladas você tem na vida. Você enfrenta um sentimento negativo, o congela, e anos depois, quando revisita o passado, tem exatamente a mesma sensação e continua a viver a mesma dor, *ad infinitum*.

Uma amiga conta que, certa vez, encontrou uma vizinha, e as duas começaram a falar sobre o ex-marido da vizinha. Ela revelou o que esse homem havia feito com ela e parecia realmente magoada. Minha amiga perguntou: "Quanto tempo faz que vocês se separaram?", imaginando que fosse um caso recente. A vizinha respondeu: "Já faz dez anos".

Imagine: ao longo de dez anos, ela recordava diariamente a mesma história. Ela tinha as emoções congeladas e vivenciava a mesma sensação todo dia, mesmo que aquilo tivesse ficado no passado.

Quando falo em descongelar as emoções negativas, quero dizer que precisamos dar movimento a elas. Raiva, tristeza, mágoa, medo – todos esses sentimentos fazem parte da vida de todos nós, mas não podem ficar congelados por muito tempo. Você precisa dar movimento para as emoções, conferindo-lhes um novo significado. Senão, por exemplo, caso um sentimento como a tristeza gere um estado emocional negativo persistente e frequente, isso pode levar à depressão.

Em resumo, as emoções congeladas são aquelas que guardamos dentro de nós durante anos e não temos coragem de tirar. São emoções como as do Johnny, que tinha a sensação de ser incapaz de realizar. São emoções como a da Saliza, que tentava constantemente tapar um vazio sem entender de onde ele vinha. Emoções que ficam ali, sem que você perceba, e vão ganhando cada vez mais espaço, até que, quando você menos espera, elas já devastaram tudo por dentro.

Quais são as emoções que estão aí, congeladas, dentro de você? Não precisa ter medo de senti-las. Você precisa apenas entender como

VOCÊ PRECISA DAR MOVIMENTO PARA AS EMOÇÕES, CONFERINDO-LHES UM NOVO SIGNIFICADO.

gerenciá-las, pois talvez elas o estejam impedindo de tomar decisões na vida e de alcançar um bem-estar maior – mental, emocional, físico, espiritual e financeiro.

O que tem impedido você de fazer aquilo que precisa fazer? O que tem impedido você de cultivar pensamentos melhores?

Agora faço um convite para nos aprofundarmos. O exercício a seguir vai ajudá-lo a mapear as emoções mais frequentes em sua vida, tanto positivas quanto negativas. Talvez você descubra que algumas delas estão congeladas em sua vida, atrapalhando-o no momento de seguir em frente.

A primeira lista contém emoções *agradáveis*, que você vivencia quando suas necessidades estão sendo atendidas. Marque aquelas que você rotineiramente sente em sua vida. A segunda lista, ao contrário, contém emoções desagradáveis, que você vivencia quando suas necessidades não estão sendo atendidas. Da mesma forma, marque também aquelas emoções que você costuma sentir.

Emoções agradáveis

( ) à vontade	( ) carinhoso	( ) empolgado
( ) absorto	( ) comovido	( ) encantado
( ) agradecido	( ) complacente	( ) encorajado
( ) alegre	( ) compreensivo	( ) engraçado
( ) alerta	( ) concentrado	( ) entretido
( ) aliviado	( ) confiante	( ) entusiasmado
( ) amistoso	( ) confiável	( ) engajado
( ) amoroso	( ) consciente	( ) equilibrado
( ) animado	( ) contente	( ) esperançoso
( ) atônito	( ) criativo	( ) esplêndido
( ) ávido	( ) curioso	( ) estimulado
( ) bem-humorado	( ) despreocupado	( ) extasiado
( ) calmo	( ) emocionado	( ) exuberante

( ) fascinado	( ) orgulhoso	( ) satisfeito
( ) feliz	( ) otimista	( ) seguro
( ) glorioso	( ) ousado	( ) sensível
( ) grato	( ) pacífico	( ) sereno
( ) inspirado	( ) plácido	( ) surpreso
( ) interessado	( ) pleno	( ) tranquilo
( ) livre	( ) radiante	( ) útil
( ) maravilhado	( ) relaxado	( ) vigoroso
( ) maravilhoso	( ) resplandecente	( ) vivo
( ) motivado	( ) revigorado	

Emoções desagradáveis

( ) abandonado	( ) chateado	( ) entediado
( ) abatido	( ) chocado	( ) envergonhado
( ) aflito	( ) ciumento	( ) exagerado
( ) agitado	( ) confuso	( ) exausto
( ) amargo	( ) culpado	( ) fraco
( ) angustiado	( ) deprimido	( ) frustrado
( ) ansioso	( ) desamparado	( ) furioso
( ) apavorado	( ) desanimado	( ) hostil
( ) apreensivo	( ) desapontado	( ) impaciente
( ) arrependido	( ) desconfiado	( ) incomodado
( ) assustado	( ) desconfortável	( ) indiferente
( ) austero	( ) desesperado	( ) infeliz
( ) bravo	( ) desencorajado	( ) inquieto
( ) cansado	( ) desiludido	( ) inseguro
( ) carregado	( ) encabulado	( ) instável
( ) cético	( ) encrencado	( ) irritado

( ) magoado	( ) perturbado	( ) ressentido
( ) mal-humorado	( ) pessimista	( ) solitário
( ) melancólico	( ) preguiçoso	( ) sonolento
( ) melindroso	( ) preocupado	( ) surpreso
( ) nervoso	( ) rancoroso	( ) tenso
( ) obcecado	( ) receoso	( ) triste
( ) perplexo	( ) rejeitado	

Agora que preencheu as duas listas, você acabou de criar seu manual de emoções. Reflita um pouco sobre elas. Quais dessas emoções você mais vivenciou na última semana? Quais você mais busca ou mais evita na vida? Em quais está colocando seu foco? Quais experiências de seu passado fizeram você vivenciá-las?

Matriz familiar

O exercício da matriz familiar foi um dos que provocaram um despertar na Saliza. Por isso, convido você a fazê-lo sozinho em casa, para entender como sua relação com a vida profissional, com o dinheiro, com a saúde, com seus relacionamentos íntimos e com a família pode estar vinculada à maneira como seus antepassados viveram. A verdade é que, além de carregar um DNA, carregamos memórias inconscientes das pessoas que vieram antes de nós. E ter consciência disso pode ser libertador. Muitas pessoas têm dificuldade em guardar dinheiro, por exemplo, e quando conhecem a história de seus ancestrais começam a entender de onde veio isso. A partir daí, conseguimos fazer escolhas diferentes, que nos possibilitam mudar nossas crenças.

No quadro da página 108, descreva como era a relação de cada membro da família com cada um dos aspectos listados. Caso você não tenha conhecido muito seus avós ou seus pais, por exemplo, tente conversar com outros parentes para descobrir como eram. Se não conseguir informações sobre todos os aspectos, não tem problema: faça o exercício com as informações que tiver.

106 DANCE COM SEUS MEDOS

ALÉM DE CARREGAR UM DNA, CARREGAMOS MEMÓRIAS INCONSCIENTES DAS PESSOAS QUE VIERAM ANTES DE NÓS. E TER CONSCIÊNCIA DISSO PODE SER LIBERTADOR.

Minha matriz familiar

	Vida profissional	Relação com o dinheiro	Saúde e equilíbrio	Relacionamentos e família
Avô paterno				
Avô materno				
Avó paterna				
Avó materna				
Eu				
Meu cônjuge/ parceiro				

Reflexões sobre minha matriz familiar

> Olhando para essas pessoas tão próximas, percebo que...

> A convivência com pessoas que têm esses traços fez com que eu...

> O que eu mais nego ou admiro em minha família tem relação com...

Por fim, gostaria deixar uma citação do Tony Robbins: "Ame, respeite, honre ou seja grato à sua família, mas escolha seus modelos. Escolha com cuidado a quem você concede o poder para determinar como você vai se sentir".

4

O ENCONTRO COM SEUS MEDOS E SUAS DORES

"O medo é uma dor passada projetada no futuro."

Richard Barrett

Como vimos no capítulo anterior, muitas vezes o caminho para realmente se encontrar na vida está no veneno – na dor. E as pessoas não querem entrar em contato com essa dor.

É mais fácil passar um verniz sobre ela e acreditar que está tudo bem? Sem dúvida. Mas o real processo de mudança ocorre quando você se conecta de verdade com o que dói, quando você chora, quando se sente mal consigo mesmo, quando descobre que não é tão bom como achava que era. E isso pode acontecer em diversos momentos: numa sessão de terapia, numa conversa com um amigo, num "baque" que a vida dá em você, num treinamento... Mas, principalmente, acontece na calada da noite, quando você está sozinho – afinal, tem gente que esconde a verdade até mesmo do terapeuta e dos amigos. As pessoas estão anestesiando a dor e não estão conseguindo conviver com ela.

Até agora, você aprendeu algumas estratégias que podem ajudá-lo a sair de um estado emocional e transformá-lo em outro, como a tríade linguagem, fisiologia e foco, a elaboração de sua matriz familiar e o descongelamento de emoções que podem estar estagnadas. Nosso próximo passo é dançar com o medo. Mas, antes de falarmos dessa dança – que parece apenas subjetiva, mas, no fundo, é um encontro com suas necessidades reais –, gostaria de trazer um panorama e alguns números que mostram como as pessoas têm fugido das próprias dores, chegando a circunstâncias extremas.

Hoje sabemos que a OMS trabalha em escala global para a redução das taxas de suicídio. Algumas pessoas com a saúde mental já fragilizada e sem encontrar espaços de escuta não conseguem se abrir, e isso só colabora para um aumento crescente e explosivo na taxa de suicídio mundial. Só para você ter uma ideia, o suicídio é a segunda maior causa de morte no planeta entre pessoas de 15 e 29 anos.

Por ser um tabu, até mesmo entre os profissionais de saúde, a falta de diálogo sobre ele faz com que as pessoas não tragam à tona os motivos que as fazem sofrer. Elas sofrem em silêncio e colocam a dor debaixo do tapete, sem conseguir identificar o problema. E tiram a vida apenas porque querem eliminar a dor que tanto as angustia.

Além disso, com o número crescente de diagnósticos errados de depressão, hoje o que se vê por aí são pessoas que procuram a ajuda de profissionais e já saem com uma receita de antidepressivo. É a banalização da depressão, e o uso exagerado de medicamentos faz com que muitas dessas pessoas não investiguem as causas de suas dores e seus traumas. Elas as anestesiam e esquecem que existem.

Hoje o suicídio é compreendido como um transtorno multidimensional, ou seja, é resultado de um conjunto de fatores: biológicos, genéticos, psicológicos, sociais e ambientais, e alguns profissionais já falam sobre estratégias em programas multisetoriais de prevenção.

É importante lembrar que a ideia suicida não é condição da pessoa deprimida. Ou seja, não é todo aquele que apresenta diagnóstico de depressão que vai tentar suicídio. E nem sempre a tentativa está relacionada a um quadro de depressão.

Segundo a psicóloga Cassia Franco, que estuda a fundo a terapia comportamental dialética, há um crescente índice de suicídio entre os adolescentes, e isso tem ligação com a chamada desregulação emocional, presente sobretudo nessa fase da vida, quando sacudimos crenças e valores que recebemos de nossos pais. O adolescente começa a validar aquilo que acreditava ser verdade e entra em confronto com as fontes de origem. Muitas vezes, isso leva a uma depressão ou mesmo à prática de provocar cortes no corpo, feitos para gerar um alívio para a dor interna que carregam. Mas a linha entre apenas rasgar a pele e cortar profundamente os pulsos ainda é tênue. E, com o desespero, às vezes isso acaba acontecendo, levando aos casos de suicídio.

Há um fenômeno que acompanha essa desregulação emocional: existe hoje um grau menor de disponibilidade dos pais em acompanhar a vida dos filhos, que são empurrados para a idade adulta com redes de apoio fragilizadas, e isso os deixa abalados emocionalmente. No fim das contas, esses adolescentes acabam virando adultos cheios de questões emocionais não resolvidas.

Hoje, ao se verem diante das próprias dores e angústias, muitas pessoas se sentem sozinhas e relatam uma sensação de vazio. Embora essa sensação faça parte do ser humano, muitos não encontram acolhimento, e, se houvesse uma rede capaz de acolhê-los, isso minimizaria o risco.

Se estamos falando de dor, precisamos entender a diferença entre encontrar a dor e fugir dela. A busca para o alívio da dor – seja por meio de tentativas de suicídio ou até mesmo de cortes no corpo, como vimos – ocorre porque as pessoas acreditam que não existe uma luz no fim do túnel. Às vezes as contas estouraram, e a pessoa se endividou, às vezes ela tem problemas sérios de autoestima, ou acontece algum episódio ao qual ela dá uma dimensão muito maior, colocando as coisas em outra perspectiva, como se não houvesse mais nenhuma saída. A pessoa que tenta o suicídio muitas vezes se sente desamparada, sem nenhuma possibilidade de resolver seu problema de outra forma.

SE ESTAMOS FALANDO DE DOR, PRECISAMOS ENTENDER A DIFERENÇA ENTRE ENCONTRAR A DOR E FUGIR DELA.

Quando perguntei à dra. Cassia quem tem mais predisposição a fugir da dor dessa maneira, se homens ou mulheres, ela explicou que o grau de sensibilidade emocional independe do gênero. Segundo ela, "o amadurecimento emocional ficou comprometido nas últimas gerações porque se fala muito em vencer e superar. Todo esse movimento que leva a pessoa a uma tentativa de suicídio tem componentes da desregulação emocional, do contexto ambiental onde ela viveu e de suas disposições biológicas e sociais. Mas, se tenho tentáculos de apoio, como amigos, pessoas da família ou mesmo profissionais da saúde por perto, me sinto segura para manifestar a dor e pedir socorro".

Para ela, se a pessoa consegue desenvolver de alguma forma comportamentos assertivos, ou seja, expressar verbalmente aquilo que está sentindo, saber dizer não, a chance de sair daquele estado é maior. "Sofrer é humano, faz parte da vida, mas a pessoa precisa ter atenção para o sofrimento contínuo, quando não vê perspectivas, quando tanto faz se o dia está ensolarado ou chuvoso. Se você se sente assim, precisa pedir ajuda."

Existe hoje um agravante para a sensação de vazio das pessoas e para a depressão: são as mídias sociais, que criam uma rede de apoio ilusória. Você parece ter muita gente ao seu redor, comentando suas fotos e seus textos on-line, mas, no fundo, elas não estão ao seu lado, e assim você se sente sozinho, sem participar do mundo.

A sociedade vive um momento em que as pessoas estão colocando suas identidades em perfis de Instagram, em papéis profissionais. Quando as pessoas perdem seus referenciais – ou seja, quando não seguem os melhores exemplos de vida, quando não se inspiram em ninguém que pode motivá-las de verdade, não conseguem saber o que estão fazendo na vida.

Um famoso experimento realizado nos anos 1960 pelo psicólogo Martin Seligman mostra um pouco como funciona a depressão. Alguns cachorros recebiam água sempre da mesma maneira, e de repente isso mudou. Eles precisavam fazer outras tarefas para ganhar água. Em determinado momento, passaram a receber choques quando iam em busca de água. Diante disso, em certo ponto, eles ficaram apáticos e pararam de tentar; se isolaram e pararam de procurar alternativas.

Isso se chama desamparo aprendido, e ocorre da mesma forma com os seres humanos. A dra. Cassia explica que as pessoas assim se encontram em tal estado de sofrimento que acabam se abandonando, porque não acham mais saída.

Se você está se perguntando como agir caso apresente um quadro depressivo, saiba que um conjunto de fatores pode ajudá-lo. Entenda, antes de qualquer coisa, que todos temos dores. Muitos tentam acabar com a dor que acreditam ser insuportável porque não encontram espaços seguros para compartilhar suas angústias. Mas é possível o encontro com sua dor. É possível olhar para ela com sinceridade e criar alternativas por meio de ferramentas e ações, a fim de mudar o cenário da sua vida.

É como se precisássemos nos olhar com franqueza no espelho, tirando os filtros e perguntando a nós mesmos: "O que está 'pegando' para mim?"; "O que está acontecendo comigo que está afetando minha respiração?"; "O que está afetando meu sono?"; "Para onde foi minha vontade de fazer as coisas?".

* * *

Existem diferentes estágios de desenvolvimento psicológico. Passei a entender melhor as crianças a partir disso. Uma criança de 0 a 2 anos está no estágio de sobrevivência. O que ela precisa é comer, dormir e fazer suas necessidades. Ela se comunica por meio do choro e satisfaz quaisquer necessidades que tenha.

Chorando, a criança consegue o que precisa, certo? Esse é o estágio de sobrevivência. Se ela não chorar quando estiver com fome, sua mãe não receberá o sinal de que ela precisa de alimento. Se ela não demonstrar qualquer incômodo com a fralda suja, provavelmente seus pais não saberão que precisam limpá-la. Se ela não comunicar de alguma forma que precisa de sono e que seus pais devem dar colo para que ela durma, tais necessidades talvez não sejam atendidas.

Se nesse estágio, de 0 a 2 anos, a criança passa por uma necessidade muito grande, ou passa muito tempo sem ser acolhida, ela sente como se não tivesse como suprir suas necessidades. E isso pode vir a se manifestar posteriormente, na vida adulta, de diversas formas. Por exemplo, muitas pessoas manifestam uma necessidade de sobrevivência na área da saúde, ou seja, tem gente que cuida excessivamente da saúde ou descuida dela por completo.

Já dos 3 aos 7 anos, a criança está no estágio do relacionamento. É nele que ela começa a aprender o que é o amor. Mas atualmente vivemos um desafio social em que pais e mães trabalham fora e terceirizam a educação dos filhos, num modelo que traduz um cenário de abandono, criando relações que não são consistentes.

Hoje em dia os pais estão em dois extremos: uns evitam o tempo todo que as crianças se frustrem, enquanto outros literalmente deixam os filhos órfãos de pais vivos.

Na ânsia de resolver problemas, estamos gerando mais problemas. Por quê? Porque criamos crianças incapazes de ficar frente a frente com a dor. Minha filha passou por um desafio há pouco tempo e perdeu uma competição. Frustrada, ficou triste, chorou. E ela precisava daquela dor, daquela frustração, para entender que a dor faz parte da vida. Mas hoje as pessoas crescem mascarando as próprias dores desde a primeira infância, e os pais afastam as crianças de toda e qualquer situação de frustração. Como se fosse preciso blindar as crianças da dor. E essas crianças se tornam adultos incapazes de se relacionar com as outras pessoas.

Essas necessidades básicas não atendidas na infância se tornam necessidades na vida adulta, criando um ciclo limitante com um resultado negativo: 99% das pessoas não sabem de onde vem o buraco que sentem no peito. A partir do momento que você entende de verdade que não é mais movido pelas suas necessidades, e sim por um desejo maior, você passa a olhar para um propósito maior de vida. As necessidades não atendidas, na verdade, estão relacionadas a alguns eventos específicos, e, ao acessá-los, você começa a entender a verdadeira origem de seus medos.

Em suma, para dançar com seus medos e enfrentá-los, você precisa conhecer a origem deles. Porque o medo é um sintoma que esconde uma necessidade não atendida. Quando dança com o medo, você para de brigar com ele. Porque você relaxa. Você começa a entender o que o perturba e usa isso a seu favor. Vamos lá?

Vamos dançar com o medo?

Todo mundo sente medo. Ele muitas vezes é até mesmo útil, pois nos protege quando estamos numa situação de perigo. Mas e quando o medo é apenas um fantasma que alimentamos dentro da nossa mente?

Há pouco tempo fui fazer um exame em que um tubo fino seria inserido pela minha narina até chegar ao estômago. O exame era aparentemente simples, e eu estava calmo até me entregarem um papel para assinar, no qual eu declarava estar ciente de que, caso eu morresse, eles estavam isentos de qualquer responsabilidade.

Pronto, estava criado o cenário de medo na minha cabeça. "Esse exame não é tão simples assim", pensei.

Conforme a enfermeira ia explicando o exame, percebi que estava começando a suar. O médico perguntou se eu já tinha feito endoscopia; respondi que sim. Ele perguntou o resultado, e comentei que era refluxo. A resposta dele foi: "Refluxo não é doença. É sintoma".

Fiquei calado.

A enfermeira se aproximou. À medida que ela ia colocando o tubo pelo nariz, lágrimas saíam de meus olhos. A sensação era horrível, e comecei a ficar desesperado. Aquela era a hora de aplicar tudo o que eu sabia para tentar controlar a ansiedade e o medo que começavam a se instalar na minha mente.

QUANDO DANÇA COM O MEDO, VOCÊ PARA DE BRIGAR COM ELE. PORQUE VOCÊ RELAXA. VOCÊ COMEÇA A ENTENDER O QUE O PERTURBA E USA ISSO A SEU FAVOR.

Respirei fundo, procurei relaxar o corpo e fiquei pensando o que eu diria para alguém naquela situação. Fiquei conversando mentalmente comigo mesmo. Quando acabou, saí todo suado, mas tinha dançado com meu medo, porque identifiquei que não era um medo que iria me proteger de algo. Era um medo de alguma circunstância criada apenas na minha mente.

Quando paramos de brigar com nossos medos é que conseguimos começar a dançar com ele. Mas os medos são muitos. Medo de ir à entrevista de emprego, de falar em público, de se relacionar, de ser desprezado, de fazer a prova para tirar carteira de motorista, de descobrir uma doença. São medos que atuam como sintomas, e eu quero que você identifique a verdadeira origem de cada um deles. Quando você entende de onde vêm, eles deixam de paralisar você. Não é um processo fácil, é claro, mas os pontos que vou abordar aqui trarão mais clareza à sua mente e farão você se movimentar, sem ficar brigando com os medos.

Perceber a origem de nosso vazio ou de nossos medos não é simples. No caso do exemplo citado no capítulo anterior, Saliza se deu conta da origem de seus medos e parou de brigar com eles. Ela, que por conta de um trauma tinha medo de se relacionar e vivia armada contra as pessoas, passou a viver uma nova história e ressignificar a dor.

Você deve se lembrar também da história do Johnny, o participante do APP de quem falamos no Capítulo 1. Eu só consegui acessar uma camada profunda dele porque conhecia os sete níveis de consciência, que foram estudados por Richard Barrett. Se você leu meu primeiro livro, *#Atitude que te move*, deve se lembrar de que abordamos esse assunto lá. Mas, recapitulando aqui de forma resumida, os três primeiros níveis (sobrevivência, relacionamentos e autoestima) estão atrelados às necessidades de nosso *ego*. E os três últimos níveis (coesão interna, fazer a diferença e serviço) referem-se às necessidades da *alma*, que têm a ver com crescimento e desenvolvimento. No meio, há o nível quatro, de transformação.

Figura 4.1 Os sete níveis de consciência

O ego é o aspecto da nossa personalidade que está associado ao corpo físico. Ele acredita que vive num mundo exclusivamente material e que tem uma quantidade limitada de tempo para alcançar seus objetivos. O ego acredita na escassez, considera a vida um jogo sem finalidade e é impulsionado pela necessidade de sobreviver. Está enredado numa experiência diária no plano físico, totalmente focado em satisfazer as necessidades de sobrevivência (segurança física), relacionamentos (ligado a amor e pertencimento) e autoestima (ligado a respeito e reconhecimento).

Já a alma é o aspecto da personalidade associado à dimensão energética do corpo humano. A alma acredita em abundância e suficiência. Ela se sente confortável com a incerteza e se sente expandida com a mudança. Vive num mundo sutil, energético. Por ser constituída da energia básica da existência, ela não pode ser criada nem destruída, mas muda de forma dependendo do contexto. Para a alma, tudo é possível. A alma procura o significado da existência e quer fazer a diferença para estar a serviço do mundo. Três tipos de necessidades estão no centro da motivação da alma: a necessidade de coesão interna (encontrar significado ou propósito em nossa existência), a necessidade de fazer a diferença (realizar esse significado ou propósito) e a necessidade de servir plenamente o seu propósito.

Assim, existem duas dimensões da personalidade tentando satisfazer suas necessidades: o ego e a alma. Quando o centro de gravidade da nossa consciência está na dimensão do ego, nós focamos em suas necessidades. Quando essas necessidades são satisfeitas, não chegamos a sentir uma satisfação duradoura, mas, se não são satisfeitas, ficamos ansiosos (estresse causado por medos de baixa intensidade). Por outro lado, quando o centro de gravidade da nossa consciência está na dimensão da alma, nós focamos na satisfação de suas necessidades. Quando são atendidas, produzem níveis cada vez mais profundos de motivação e comprometimento.

A *transformação* ocorre quando aprendemos a dominar as necessidades do ego e começamos a incluir as necessidades da alma.

E por que estou voltando a falar desse tema aqui? Porque os fatores mais importantes que impedem a transformação são os medos do ego. Existem três tipos de medo, normalmente aprendidos na infância.

O primeiro tipo são os medos baseados na crença de que não existe dinheiro/segurança/proteção suficientes para satisfazer nossas necessidades físicas de sobrevivência. A pessoa que tem esse tipo de medo entra numa neura quando se sente ameaçada financeira e economicamente ou pela saúde. É por isso que não dá para falar de propósito de vida com quem não está pagando as contas. Esse medo faz a pessoa querer controlar tudo e todos, tornando-se quase uma ditadora, porque reage com agressividade quando se sente ameaçada. Mesmo pessoas com muito dinheiro podem ter esse medo. Enquanto ela fica focada nisso, não se permite relaxar e dificilmente entra num estado de compaixão.

O segundo tipo são os medos baseados na crença de que não temos amor/amizade/relacionamentos para satisfazer nossas necessidades emocionais de pertencimento. Em outras palavras, é o medo de não ser amado ou não receber amor. No meu caso, o medo nível 2 era o mais forte, porque eu tinha uma questão de infância que gerava o medo de não receber amor dos pais.

OS FATORES MAIS IMPORTANTES QUE IMPEDEM A TRANSFORMAÇÃO SÃO OS MEDOS DO EGO.

Por fim, o terceiro tipo são os medos baseados na crença de que não somos bons/importantes/perfeitos o suficiente para satisfazer nossas necessidades emocionais de autoestima. Algumas pessoas quase se chicoteiam quando fazem algo errado. São pessoas perfeccionistas demais, que exigem muito de si mesmas e dos outros e dificilmente relaxam.

Nossos medos podem ser conscientes ou subconscientes. Um medo consciente, como o próprio nome diz, é um medo do qual temos conhecimento. Já um medo subconsciente é um medo do qual não temos conhecimento, mas que pode se tornar consciente e ser examinado uma vez que tenhamos descoberto sua existência.

Quando medos subconscientes dirigem nossa motivação, nós reagimos emocionalmente às situações, em vez de responder de forma ponderada e refletida. A reação precede o pensamento. Ela geralmente é acompanhada de um sentimento de impaciência, irritação ou raiva. Se você reage de forma raivosa quando alguém ou uma situação te chateia, então você reage com base no medo subconsciente. De qualquer maneira, você precisa aprender a lidar com ambos os tipos.

Para atingirmos a transformação e passarmos a focar nos desejos da alma, precisamos primeiro aprender a gerenciar esses medos do ego.

- **O primeiro estágio da transformação** implica aprender a gerenciar, dominar ou liberar seus medos conscientes e subconscientes. Isso é chamado de processo de domínio pessoal.

- **O segundo estágio de transformação** envolve descobrir sua verdadeira e autêntica identidade. Essa identidade está além do condicionamento familiar e cultural. Tem relação com aprender quem você realmente é, o que tem significado para você, o que motiva você e como adotar os valores da sua verdadeira identidade. Esse processo é chamado de individuação.

- **O terceiro estágio da transformação** inclui descobrir o propósito de sua alma: quais são suas paixões e o que você quer fazer no mundo, gerando um senso de significado para a sua vida e aumentando o potencial de realização pessoal. Esse é o início da autorrealização.

Assim, o primeiro passo para ser emocionalmente inteligente é se conscientizar de que temos algumas armadilhas geradas a partir do medo, todas centradas no ego. Esse foi o primeiro passo que Johnny deu, quando esteve no APP pela primeira vez.

Talvez você conheça pessoas que estão presas a medos do passado ou conectadas com medos futuros, algo como um sentimento de ansiedade com o que ainda vai acontecer. Na verdade, você precisa se conectar com o *presente*. Quando Johnny começou a entender suas crenças e a origem de seus medos, deixou de lado o passado e focou no presente. Quando você se conscientiza de quais são seus medos, começa a entender os gatilhos que geram aqueles pensamentos negativos que você sempre tem. Aos poucos, Johnny foi passando pelo segundo e pelo terceiro estágios, encontrando finalmente um propósito para sua vida.

Certa vez encontrei um profissional muito focado que estava completamente desestruturado porque não tinha batido a meta daquele mês. "Durante quatro anos fui o funcionário com mais destaque na empresa", ele me disse.

Perguntei a ele: "Não bater a meta significa o quê?". Ele respondeu que se sentia uma farsa, porque tinha errado e não conseguira atingir a expectativa que tinha sobre si mesmo. Na verdade, sua verdadeira intenção ao bater a meta era ser admirado. Ele só queria ser reconhecido e receber amor. Conheço muitas pessoas bem-sucedidas profissionalmente que de repente, quando sofrem algum declínio profissional e deixam de gerar o que geravam antes, não se sentem capazes.

Essas pessoas estão focadas no ego. Quando a pessoa está na alma, ela não sente isso. A falta, a origem de nosso vazio, está no medo – mais especificamente, nos medos do ego. Quando você "dança" com esses medos – ou seja, quando você os identifica, os acessa e se liberta deles –, eles até vão continuar existindo, mas não vão mais te dominar.

Qual é o medo que mais te domina?

Conforme já abordamos, o que mais impede nossa transformação são justamente os medos do ego: aqueles relativos à sobrevivência (medo de não ter dinheiro ou segurança suficientes, gerado quando entramos em contato com abandono, desconfiança e vulnerabilidade), aqueles relativos aos relacionamentos (medo de não ter amor suficiente, gerado quando entramos em contato com privação emocional, exclusão social e submissão) e, por fim, aqueles relacionados à autoestima (medo de não ser bom o bastante, gerado quando entramos em contato com imperfeição, incapacidade, perfeccionismo e privilégio). O exercício* a seguir vai ajudar você a identificar quais desses três tipos o controlam mais. Assim, fica mais fácil saber o que você precisa trabalhar em seu estado emocional para combater e dançar com seus medos.

Avalie o impacto de cada frase abaixo em sua vida e responda utilizando uma escala de 1 a 6, na qual 1 não se relaciona em nada com você e 6 o descreve perfeitamente.

MATRIZ DO MEDO

Medo de nível 1: sobrevivência

Pontuação	Descrição
	Vivo pensando no que vai acontecer se a pessoa que eu amo morrer ou me deixar, por isso me apego ao medo de perdê-la.
	Eu preciso muito do suporte de outras pessoas.
	Eu sempre me apaixono por pessoas que não querem um relacionamento sério; as pessoas entram e saem da minha vida, e sempre termino sozinho(a).
	Fico bravo(a) com a possibilidade de ser abandonado(a) pela pessoa que amo, por isso acabo me afastando dela.

---

* Exercício adaptado do livro *Reinvente sua vida*, dos psiquiatras Jeffrey E. Young e Janet S. Klosko (Porto Alegre: Sinopsys Editora, 2019).

Pontuação	Descrição
	Eu sempre acho que as pessoas vão me usar ou me machucar.
	Durante toda a minha vida fui usado por pessoas próximas a mim.
	Eu machuco as pessoas antes que elas me machuquem.
	Sofri abusos físicos, verbais ou sexuais de pessoas em quem confiei.
	Eu não me vejo como um adulto que pode lidar com as próprias responsabilidades.
	Eu não posso ficar sozinho(a).
	Outras pessoas cuidam mais de mim do que eu mesmo(a).
	Tenho dificuldades para fazer coisas novas sem que alguém me guie.
	Não consigo fugir do sentimento de que algo ruim está prestes a acontecer.
	Eu me preocupo excessivamente com minha saúde. Tenho medo de ficar debilitado(a), mesmo que nada tenha sido diagnosticado.
	Sinto ansiedade quando viajo sem companhia.
	Tenho medo de perder todo o meu dinheiro e de ser assaltado.

Sua pontuação total nessa área:
(Some a pontuação das questões acima)

Interpretando seu resultado
16-25: Muito baixo (esse medo provavelmente não se aplica a você)
26-45: Baixo (esse medo se apresenta ocasionalmente)
46-65: Moderado (esse medo é um problema na sua vida)
66-85: Alto (esse medo é definitivamente importante para você)
86-96: Muito alto (esse medo está enraizado em sua personalidade)

Medo de nível 2: relacionamento

Pontuação	Descrição
	Geralmente sinto atração por pessoas que não podem satisfazer minhas necessidades.
	Eu me sinto distante de todos, até mesmo de pessoas que são mais próximas a mim; é difícil aceitar o amor das pessoas.
	Ninguém que eu amo quer realmente se juntar a mim ou se importa comigo, me escuta e entende o que falo.
	Ninguém me dá carinho, suporte e afeto; eu preciso de mais amor.
	Sinto insegurança em situações sociais; prefiro evitar frustrações sociais; me sinto desconectado(a) da sociedade.
	As pessoas que quero como amigas estão acima de mim de alguma forma (popularidade, escolaridade, hierarquia).
	Não sou atraente – sou gordo(a)/magro(a)/alto(a)/baixo(a)/feio(a) demais; sou fundamentalmente diferente dos outros.
	Eu não pertenço a nenhum lugar; me sinto excluído(a) dos grupos; minha família é diferente das outras; sou solitário(a).
	Tenho receio de não conseguir realizar a vontade dos outros, pois eles podem ficar bravos comigo ou me rejeitar; deixo que os outros me controlem.
	Tenho dificuldade em exigir meus direitos, pois me sinto culpado(a) quando me coloco em 1º lugar; por isso muitas vezes evito conflitos e procuro atender os desejos do outro.
	Eu me preocupo muito em agradar os outros, em ter a aprovação deles; por isso sempre dou mais que recebo.
	Sou uma boa pessoa porque penso mais nos outros do que em mim mesmo(a); sinto a dor dos outros profundamente, por isso cuido muito delas.

Sua pontuação total nessa área:
(Some a pontuação das questões acima)

Interpretando seu resultado
12-21: Muito baixo (esse medo provavelmente não se aplica a você)
22-33: Baixo (esse medo se apresenta ocasionalmente)
34-45: Moderado (esse medo é um problema na sua vida)
46-57: Alto (esse medo é definitivamente importante para você)
58-72: Muito alto (esse medo está enraizado em sua personalidade)

Medo de nível 3: autoestima

Pontuação	Descrição
	Nenhuma pessoa poderia me amar se descobrisse quem eu realmente sou; eu uso uma máscara para esconder meu verdadeiro eu, pois ele é inaceitável; eu desvalorizo minhas qualidades positivas.
	Eu tenho segredos que não posso compartilhar nem com pessoas próximas a mim, pois um de meus maiores medos é a possibilidade de minhas falhas serem expostas.
	É minha culpa o fato de meus pais não me amarem; tenho muitos defeitos e não mereço ser amado(a).
	Eu me aproximo de pessoas que me rejeitam e criticam, sejam elas parentes, amigos ou parceiros amorosos; eu também me critico e rejeito, sobretudo quando alguém está gostando de mim.
	Eu me sinto menos competente do que outros em minha área de atuação; quando penso em minhas realizações, me sinto um fracasso, desde os tempos de escola.
	A maioria das pessoas com a minha idade são mais bem--sucedidas no trabalho do que eu; quando falho no trabalho me sinto humilhado(a).
	Sinto que não sou tão inteligente quanto as pessoas a minha volta, que não tenho nenhum talento especial; geralmente os outros pensam que sou mais talentoso(a) do que de fato sou.
	Não aceito ficar em segundo lugar, tenho que ser o melhor no que eu faço; as coisas nunca estão boas o suficiente, tenho que dar o meu melhor sempre.

Pontuação	Descrição
	Tenho que manter tudo em ordem e em perfeito estado, por isso mereço críticas duras quando cometo erros.
	Dinheiro, poder e ser o melhor são importantes para mim.
	Minha saúde sofre porque eu constantemente me coloco sob pressão.
	Sinto vergonha quando estou com outras pessoas, já que minhas realizações não se comparam às delas.
	Sou impulsivo(a), emotivo(a) e tenho dificuldades de aceitar "não" como resposta; fico irritado(a) quando não consigo o que quero, por isso insisto em fazer as coisas do meu jeito.
	Sou especial, por isso não devo aceitar tarefas normais; não consigo realizar atividades chatas e rotineiras, e me frustro facilmente se não consigo terminar algo.
	Ponho as minhas necessidades na frente das necessidades dos demais.
	Para mim, é muito difícil quando tento parar de beber, fumar etc.
Sua pontuação total nessa área: (Some a pontuação das questões acima)	

Interpretando seu resultado
16-25: Muito baixo (esse medo provavelmente não se aplica a você)
26-45: Baixo (esse medo se apresenta ocasionalmente)
46-65: Moderado (esse medo é um problema na sua vida)
66-85: Alto (esse medo é definitivamente importante para você)
86-96: Muito alto (esse medo está enraizado em sua personalidade)

Um conto sobre o medo

Há um conto de fadas dos irmãos Grimm que fala sobre o medo de uma maneira bem curiosa. A história é mais ou menos assim:

Era uma vez uma moça chamada Elsie, a sensata. Quando ela chegou à idade de se casar, os pais começaram a procurar alguém que quisesse se casar com ela. Um homem que morava muito longe começou a cortejá-la. Seu nome era Hans. Sua única exigência para o casamento era que Elsie fosse realmente inteligente. "Oh", respondeu o pai, "ela é muito perspicaz. Quanto a isso, não se preocupe."

Certa noite, durante um jantar em casa com os noivos, a mãe de Elsie disse: "Filha, vá até o depósito e traga um pouco de cerveja". Elsie, a sensata, pegou o jarro e foi até o barril onde a cerveja ficava guardada. Chegando lá embaixo, pegou uma cadeira, a colocou diante do barril e abriu a torneira. Enquanto a cerveja ia caindo, ela olhava para as paredes do local, e sem querer viu uma picareta bem em cima dela, que os pedreiros haviam esquecido acidentalmente.

Elsie começou a chorar e disse: "Se eu me casar com Hans, tivermos um filho, ele crescer e nós o mandarmos até o depósito para buscar cerveja, a picareta poderá cair na sua cabeça e matá-lo". Pensando nisso, ela chorou, gritando com todas as forças de seus pulmões sobre o infortúnio que poderia acontecer. A família, na sala de jantar, ainda estava esperando a bebida, mas, como Elsie não retornava, pediram que a criada fosse verificar o que havia acontecido. A criada obedeceu e, ao chegar ao depósito, encontrou Elsie sentada diante do barril, gritando em voz alta.

"Por que está chorando?", perguntou a criada. "Ah", respondeu ela, "será que não tenho motivos para chorar? Se eu me casar com Hans e nós tivermos um filho, quando ele crescer, e tiver de buscar cerveja aqui no depósito, a picareta poderá cair na cabeça dele e matá-lo." Então, a criada respondeu: "Mas que garota sensata temos aqui", e, se sentando ao lado dela, começou a chorar em voz alta também, lamentando tão grande infortúnio. Depois de algum tempo, como a criada não voltava, e os comensais estavam com sede, o homem disse para o noivo: "Vá até o depósito e veja onde Elsie e a criada estão".

O garoto foi, e a cena se repetiu. Como ele também não retornava, o homem pediu à esposa: "Desça até o depósito e veja onde a Elsie está".

A mulher desceu, encontrou os três se lamentando, e perguntou por que choravam; então, Elsie lhe relatou o problema, e a mãe também caiu em prantos.

Esse é apenas um trecho do conto, mas explica exatamente como muitas pessoas vivem suas vidas. Chorando por causa de algo que jamais vai acontecer. Chorando com medo de uma possibilidade absurda e impensável, mas convencido de que aquela fatalidade pode cair sobre a sua cabeça.

Perceba que Elsie nem sequer tinha se casado, não tinha filho, a criança não tinha crescido e a probabilidade de a criança crescer e estar debaixo da picareta no exato momento em que o objeto caísse era muito remota, mas todos enxergaram aquele quadro. Ninguém teve a sensatez de dizer que a picareta poderia simplesmente ser retirada dali ou que aquilo jamais iria acontecer.

Muitos agem assim com a própria vida: ficam pensando em cenários destrutivos, propagam tais cenários, sem perceber que estão agindo como a própria Elsie, criando uma fantasia em torno de um medo.

Como você reage quando está com medo? Você cria cenários pavorosos para o seu futuro? Sabe por que faz isso?

ENTENDA SEUS GATILHOS EMOCIONAIS

"Conhecimento é diferente de entendimento.
A jornada do autoconhecimento se dá quando
entendemos o que nos incomoda e porquê."

Quando você chega em casa depois de fazer compras no supermercado, qual é a primeira coisa que você guarda? As coisas de geladeira, certo? Já aquelas coisas que não precisam de refrigeração acabam ficando um bom tempo ali, em cima da bancada da cozinha, não é mesmo?

Fazemos isso com nossas emoções. Nós não as guardamos em seus devidos lugares. E aí elas ficam ali, por muito tempo, muitas vezes nos atrapalhando.

A questão é que as emoções precisam ganhar um significado, precisam ser entendidas, para então ser colocadas no lugar certo. Isso é muito importante. Por exemplo, quando você se incomoda com alguém, sente raiva e nem percebe isso, vai acumulando a emoção e criando rótulos em relação àquela pessoa e àquela situação. Você não para a fim de refletir o que te fez sentir daquela forma, e acaba guardando a emoção na situação e na outra pessoa. Aí, sempre que qualquer interação com aquela pessoa ocorre, a emoção volta com a mesma intensidade. No entanto, se você sabe de onde vem esse sentimento de raiva (pode ser por conta de um acontecimento passado), você respira, coloca a emoção no lugar dela e não se deixa dominar por ela.

Quando vamos dormir, esse é o momento em que nossa mente se organiza e processa os últimos acontecimentos. Em geral, ela guarda o que é essencial – ou seja, os "itens de geladeira". São aquelas informações de longo prazo, das quais vamos nos lembrar mais tarde.

Se o seu corpo está saudável, ou seja, se você tem uma vida equilibrada, medita, agradece, vive uma vida conectada consigo mesmo, sua mente faz esse processamento de forma tranquila, e você acorda bem no dia seguinte. Mas se você não está cuidando muito bem de seu corpo – ou seja, se bebe muito, usa drogas, deixa de dar atenção para a família –, sua mente, em vez de usar a energia do corpo para essa organização, acaba utilizando-a para reparar os danos que causamos ao próprio corpo. O resultado? Você acorda distraído e sem memória, porque gastou sua energia para recobrir seu físico.

É isso que acontece conosco. Precisamos pensar em que queremos colocar nossa energia vital – para organizar nossa mente e nossas emoções ou para ficar o tempo todo apenas fazendo reparos em nosso corpo?

Somos responsáveis pelo estado emocional em que acordamos. Isso é químico e físico. E, se falamos o tempo todo da importância desse estado, é necessário zelar por ele. Você merece muito mais do que estar desconectado e agindo sem compromisso com a sua energia.

Para lidar melhor com essa organização das emoções, é extremamente importante expandir sua consciência a respeito dos impactos que as situações e as pessoas geram em sua vida. Ao entender o que chamo de "gatilhos emocionais", você conseguirá fazer escolhas melhores em relação a seus comportamentos.

Gatilhos

Em um de meus treinamentos, conheci um participante que era cuidadoso e atencioso em excesso, e me pediu ajuda de maneira gentil e educada. Em determinado exercício, ele não tinha conseguido identificar as necessidades não atendidas que geravam seu medo, e comentou que estava tendo dificuldade.

Eu disse:

– Claro, qual é a sua dificuldade? Sua necessidade se refere ao medo de nível dois.

– Será que é de nível dois? Poxa, mas não vejo assim…

– Por que você não vê assim?

– Ah, eu não me incomodo em colocar minhas opiniões…

Eu respondi:

– Eu já te falei algumas vezes que você é nível dois.

Ele ficou apavorado:

– Tudo bem, tudo bem.

– Tudo bem, não – respondi alto.

– Você está certo – disse ele, tentando evitar conflito.

– Eu não estou certo! Você está gostando do que eu estou falando?

Ele arregalou os olhos, e eu parei.

– O que você sentiu? – perguntei.

Ele descreveu aperto no peito e nó na garganta.

– Esse é o resultado. Mas qual foi o gatilho? Eu. Por que você acha que sentiu tudo isso?

Ele explicou que achava que, se eu estava falando assim, é porque não gostava dele.

– E por que você está permitindo que eu faça isso com você? Você está permitindo isso porque quer que eu goste de você.

Essa breve história mostra como identificamos um gatilho. Mas o que é um gatilho? São pensamentos, sensações ou ações que, de algum modo, despertam certos comportamentos em nós, ou certos estados emocionais. No caso do homem citado acima, o gatilho era justamente qualquer sensação que mostrasse que determinada pessoa não gostava dele. Diante disso, ele sempre escondia a própria opinião e deixava de se colocar, tudo na tentativa de não desagradar o outro.

Começamos a investigar para entender onde tudo isso tinha começado. Chegamos a pais bravos, manipuladores emocionais. E aí, então, ele finalmente passou a entender por que agia dessa forma, e buscou formas de se livrar desse padrão.

Se começamos a investigar nossa vida, podemos descobrir os gatilhos emocionais negativos, ou seja, as regras que criamos inconscientemente e que nos levam a determinados comportamentos. É mais ou menos como aquela pessoa que, quando ouve de alguém algo de que não gosta, fala sempre alguma coisa para ficar por cima e não se sentir desrespeitado. O gatilho dela é ouvir coisas que a desagradam. Porém, fazendo sempre isso, ela tem uma atitude que gera algo mais negativo ainda no ambiente. Ela precisa se livrar desse padrão para poder se relacionar melhor com as pessoas, a fim de sentir um bem-estar maior.

Muitos de nós passamos a vida presos a esses gatilhos, os quais na maioria das vezes são despertados pelo ambiente – seja pelo que vejo, pelo que escuto, pelo que sinto. E é muito importante descobrir os gatilhos emocionais, pois são eles que dão início às nossas crenças limitantes. A partir disso, começamos a criar nossas "historinhas" também, assunto que abordei no #Atitude que te move. As pessoas criam historinhas na própria mente a fim de justificar o fato de não realizarem algo, ou criam historinhas que corroboram a criação de uma crença ou estado emocional negativo.

Por exemplo: que historinha você está contando a si mesmo que o impede de emagrecer, mesmo que todo ano pense que vai conseguir? Você diz que não tem tempo de ir à academia? Ou que historinha você está contando a si mesmo que o faz acreditar que não tem competência financeira para guardar dinheiro? Você diz que é impossível se organizar?

É MUITO IMPORTANTE DESCOBRIR OS GATILHOS EMOCIONAIS, POIS SÃO ELES QUE DÃO INÍCIO ÀS NOSSAS CRENÇAS LIMITANTES.

Quando entendemos quais são nossas crenças limitantes, quando entendemos que as historinhas que contamos a nós mesmos não são reais, conseguimos então chegar aos principais gatilhos emocionais que nos levam para esse estado. É como um círculo vicioso: o gatilho emocional negativo gera um comportamento que alimenta nossa crença limitante, que, por sua vez, alimenta nossa historinha, e isso conversa diretamente com aquelas emoções que eu mais evito sentir, das quais falamos no capítulo anterior.

Vamos imaginar um exemplo. Uma pessoa, com um leve excesso de peso, sempre que ouve qualquer comentário sobre a comida que escolheu (pode ser um colega de trabalho que pergunta por que ela vai comer um hambúrguer), já fica achando que o comentário só foi feito porque ela é terrivelmente obesa (sendo que ela apenas está levemente acima do peso). Diante desse gatilho (o comentário do colega), o comportamento dela muda: ela se sente mal consigo mesma, com uma autoestima baixíssima, e isso só vai alimentar a crença limitante dela, de que "meu corpo é horrível". Percebe como funciona o processo? Ela entra num círculo vicioso de pensamento com juízo de valor sobre si mesma, o que gera raiva, frustração e "historinhas" em sua mente, afetando suas relações e seu bem-estar.

Qual deve ser a estratégia para se livrar disso? O primeiro passo é identificar quais são os gatilhos emocionais que mais acontecem e que fazem com que você entre em contato com emoções ou sentimentos que te limitam, ou que estejam relacionados com as crenças que hoje não te deixam sair do lugar.

Se uma pessoa fala uma coisa para você, você sente no seu corpo alguma coisa, como vimos no exemplo acima. Pergunte-se: o que você está sentindo no corpo? Dor de cabeça? Taquicardia? Tensão nas costas? Em seguida, tente entender qual é o sentimento por trás dessa sensação corporal. É raiva? Angústia? Frustração? Ansiedade? Em seguida: por que você sente isso? O que desencadeou essa sensação? Qual foi o gatilho que o levou a se sentir assim? Em geral, as pessoas não chegam a se perguntar o porquê de determinadas sensações e continuam a vida.

Mas, além de entender qual foi o gatilho, as pessoas precisam entender os comportamentos gerados. Que emoção essa sensação me gerou? Que sentimento? Isso resulta nas chamadas regras de dor, uma sequência de comportamentos e emoções que mostram a forma como a pessoa reage em determinada situação. Por exemplo, penso que fui injustiçado, faço um julgamento, falo de forma ríspida, paro de ouvir e começo a contar para mim mesmo uma história sobre a situação, criticando o outro e sendo mais benevolente comigo mesmo. Essa sequência são as regras de dor, e entendê-las nos ajuda a romper o padrão de comportamentos quando o gatilho surge.

Uma participante do nosso programa "Do ego para a alma" tinha um conjunto de crenças na vida que se refletiam no modo como ela agia. Por exemplo: uma de suas crenças era de que mulher que demonstra vulnerabilidade é fraca. Ela tinha vivido situações de desprezo na infância, uma relação complexa com a mãe e abusos de maneira geral. Todos esses eventos tinham gerado medos e necessidades.

É importante saber que alguns acontecimentos do passado geram medos, que por sua vez geram necessidades. As necessidades muitas vezes viram um valor e geram crenças. Naturalmente, quando existe um vazio existencial, a origem é um evento, que muitas vezes não sabemos qual é. Por exemplo: eu amo liberdade e odeio ser controlado. A liberdade é um valor. Qual necessidade gerou esse valor? Por trás disso, há um evento que despertou essa necessidade.

As pessoas podem passar uma vida inteira adormecidas, sem querer mexer em determinadas emoções. E isso vira uma autossabotagem. Algumas não querem trabalhar a raiva e o medo, porque acham que foram esses sentimentos que lhes geraram o sucesso profissional, armando-as para reagir da melhor forma aos eventos cotidianos. Elas têm medo de renunciar a tais emoções, mas não entendem muitas vezes que são essas emoções que estão atrapalhando outras áreas de sua vida. De qualquer modo, essas pessoas não precisam destruir tais emoções. Podem apenas transformá-las ou ressignificá-las.

Exercício: meus gatilhos emocionais

Agora proponho um exercício que vai ajudá-lo a identificar de forma mais apurada seus gatilhos emocionais mais comuns. De início, observe o exemplo abaixo e depois complete os campos em aberto.

Toda vez que me sinto excluído e acho que as pessoas não me amam ou não me respeitam...

Eu reajo de forma raivosa e ataco as pessoas.

O impacto disso é que muitas vezes falo coisas das quais me arrependo depois.

No fundo, eu só reajo dessa forma porque não me sinto amado ou querido o suficiente pelas pessoas.

Gatilho 1

Toda vez que

_____

_____

_____

Eu reajo

_____

_____

_____

O impacto disso é

_____

_____

_____

No fundo, eu só reajo dessa forma porque

_____

_____

_____

Gatilho 2

Toda vez que

_____

_____

_____

Eu reajo

_____

_____

_____

O impacto disso é

_____

_____

_____

No fundo, eu só reajo dessa forma porque

_____

_____

_____

Gatilho 3

Toda vez que

_____

_____

_____

Eu reajo

_____

_____

_____

O impacto disso é

_____

_____

_____

No fundo, eu só reajo dessa forma porque

_____

_____

_____

_____

Carta da alma para o ego

A seguir, sugiro um exercício que também aparece no *#Atitude que te move*: trata-se da chamada "Carta da alma para o ego". Não tem problema se você já o fez antes. Sempre estamos em fases diferentes da vida, e fazer o mesmo exercício em momentos distintos pode nos trazer novas percepções de nós mesmos.

Primeiro, apresento um modelo de como a carta pode ser pensada. Na sequência, há um exemplo real de carta, seguindo o modelo proposto. Por fim, você encontra um campo aberto para que preencha livremente da maneira que considerar mais adequada.

Você deve estar se perguntando: mas de que forma isso pode me ajudar? Você pode reler sua carta sempre que não se sentir bem em alguma situação. Também pode relê-la todas as manhãs, como um ritual de bom-dia. Isso vai ajudá-lo a, aos poucos, realizar uma mudança em sua vida.

Carta da alma para o ego – modelo

Querido ego,

Se você está lendo esta carta agora, é porque provavelmente alguma destas coisas aconteceram:

- você se sentiu contrariado, ficou nervoso e o seu tom de voz subiu;
- seu parceiro(a) te criticou;
- seu funcionário não se comprometeu com os resultados;
- duvidaram de sua palavra;
- questionaram alguma de suas ideias;
- discordaram de você.

No piloto automático e num estado menos consciente, diante disso você começaria a:

- usar exaustivamente da sua oratória e capacidade de persuasão para tentar convencer seu interlocutor da sua ideia;
- elevar o tom de voz, reagindo aos argumentos do interlocutor;
- racionalizar o problema;
- atacar a ideia do outro com palavras, de forma pouco construtiva, posicionando-se como dono da verdade;
- não dar feedback, evitando enxergar a situação, para não desagradar a outra pessoa.

Mas tudo isso tem apenas o intuito de satisfazer a sua necessidade de:

- ser o melhor;
- ser perfeito;
- não errar;
- ser respeitado.

Acontece que, agindo assim, a duração do prazer gerado é muito curta, e logo isso vai provocar muitos efeitos indesejados. Você passará a:

- não enxergar situações;
- afastar as pessoas, diminuí-las, desmotivá-las;
- trazer insegurança para seus relacionamentos.

Então agora compreenda que esse evento só o afetou porque disparou seu maior medo, que é:

- não ser o melhor, ou não ser melhor do que seu pai.

E você e eu sabemos que o medo é uma dor do passado, projetada no futuro. Então agora nós podemos fazer diferente. Lembre que:

- Você não precisa ser melhor do que seu pai, nem precisa ser melhor do que os outros; você deve ser o *seu* melhor.

E comece a:

- praticar a humildade;
- refletir sobre o perdão;
- não ser tão duro com o próximo;
- ouvir genuinamente os outros;
- acolher a ideia dos outros;
- usar a inteligência coletiva.

Agindo assim, vamos celebrar juntos quando um dia olharmos para trás e virmos quanto evoluímos. Vamos celebrar a pessoa bacana, leve, companheira e, sobretudo, motivadora, inspirando os outros a viver a vida de uma forma melhor.

Exemplo real de carta

Meu querido ego,

Se você está lendo esta carta, é porque provavelmente algumas destas coisas aconteceram, se não todas: você não gostou de ser questionado, foi contrariado, percebeu falta de ânimo e de vontade nas pessoas a seu lado, não obteve o resultado esperado.

Sei que, quando isso ocorre, você entra no piloto automático e num estado menos consciente, e aí começa a perder a paciência, procurando um culpado (sim, o culpado nunca é você), criticando todos a seu redor, aumentando o tom de voz para intimidar os outros. Você quer mostrar que é superior e declara em alto e bom som que tudo depende de você. Não hesita em diminuir as pessoas, em humilhar, em machucar os que estão a seu redor.

Mas tudo isso, na verdade, apenas tem o intuito de satisfazer sua necessidade de não errar, de ser respeitado, de controlar, de ter a aprovação dos outros, de provar que é capaz.

Acontece que, agindo assim, a duração do prazer é muito pequena, e logo isso vai provocar muitos efeitos indesejados, como: antipatia, conflitos, dificuldade de firmar alianças, além de despertar medo nos outros.

Então agora compreenda que esse evento só afetou você porque disparou seu maior medo: o de não ser bom o suficiente. Você e eu sabemos, no entanto, que o medo é uma dor do passado projetada no futuro. Então agora nós podemos fazer diferente. Lembre que agora sei que tenho meu valor e que não preciso provar isso a ninguém. Por isso, comece a controlar seus ímpetos agressivos, a ouvir mais as pessoas, a controlar sua impaciência, a deixar as pessoas fazerem as coisas a seu tempo. Ensine o que você sabe, peça ajuda!

Agindo assim, vamos celebrar juntos quando um dia olharmos para trás e virmos que conseguimos paz e harmonia em nosso coração.

Hoje, tenho plena consciência de por que deixei você me dominar, mas sei que sou mais forte e que você, a cada dia, terá menos influência sobre mim. Você foi importante na minha evolução, mas agora quero caminhar sem você a meu lado.

Siga seu caminho em paz e eu seguirei o meu.

Um abraço carinhoso,

Alma

Agora, deixo um espaço disponível para que você escreva aqui mesmo sua própria carta:

Querido ego,

Se você está lendo esta carta agora, é porque provavelmente alguma destas coisas aconteceram:

_____;
_____;
_____;
_____.

No piloto automático e num estado menos consciente, diante disso você começaria a:

_____;
_____;
_____;
_____.

Mas tudo isso tem apenas o intuito de satisfazer sua necessidade de:

_____ ;
_____ ;
_____ ;
_____ .

Acontece que, agindo assim, a duração do prazer gerado é muito curta, e logo isso vai provocar muitos efeitos indesejados. Você passará a:

_____ ;
_____ ;
_____ ;
_____ .

Então agora compreenda que esse evento só afetou você porque disparou o seu maior medo, que é:

_____ ;
_____ .

E você e eu sabemos que o medo é uma dor do passado, projetada no futuro. Então agora nós podemos fazer diferente. Lembre que:

_____ ;
_____ .

E comece a:

_____ ;
_____ ;
_____ ;
_____ ;
_____ ;
_____ ;
_____ .

Agindo assim, vamos celebrar juntos quando um dia olharmos para trás e virmos quanto evoluímos. Vamos celebrar a pessoa bacana, leve, companheira e, sobretudo, motivadora, inspirando os outros a viver a vida de uma forma melhor.

Regras de prazer

Como vimos, os gatilhos emocionais negativos despertam sensações ruins no nosso corpo, disparando emoções, sentimentos, pensamentos, questionamentos que podem, inclusive, amplificar a sensação corporal. E assim começa o círculo vicioso do gatilho negativo. Essas são as nossas *regras de dor*, ou seja, a sequência de comportamentos e sentimentos gerados pelo gatilho.

O fato de identificar o gatilho negativo muitas vezes resolve, porque assumimos o controle de nossa vida novamente e interrompemos o círculo vicioso. Talvez você não vá deixar de sentir o nó na garganta que costuma sentir em determinadas situações, mas pode direcionar o pensamento para uma *regra de prazer*, ou seja, regras que criamos para nós mesmos a fim de acessar estados emocionais positivos.

A ideia do exercício a seguir é fazer uma lista dos estados emocionais que você gostaria de vivenciar, criando uma espécie de manual para acessar esses estados positivos sempre que quiser. Quando você tem consciência do que te faz sentir bem, pode intervir nos momentos em que os gatilhos negativos disparam emoções ruins, criando, então, gatilhos positivos.

Para despertar um gatilho positivo, por exemplo, você pode pensar em algo que te traz alegria. Uma música, um evento, um fato. Eles têm o poder de mudar seu estado interno. Funciona como uma automedicação. Além disso, você pode não apenas pensar em algo que te faz feliz, mas *realizar* algo que te faz feliz: pode ser uma atividade de dança,

QUANDO VOCÊ TEM
CONSCIÊNCIA DO QUE TE FAZ
SENTIR BEM, PODE INTERVIR
NOS MOMENTOS EM QUE
OS GATILHOS NEGATIVOS
DISPARAM EMOÇÕES RUINS.

exercícios físicos, brincadeiras com filhos, um passeio com amigos ou quaisquer atividades que despertem em você essa emoção.

Por exemplo, meu gatilho para entrar num estado de leveza é lembrar que, quando medito, fico bem; então respiro fundo, faço uma pausa e rapidamente entro em estado meditativo. O problema é que, às vezes, procrastinamos determinadas atividades que sabemos que nos farão bem. Quando me levanto às cinco da manhã, e sei que preciso meditar ou fazer exercícios, nem sempre consigo estar entusiasmado para isso. Mas penso no benefício que aquilo vai me trazer. Penso no bem-estar que o exercício vai me proporcionar, penso que vou me conectar mais com o presente, vou ficar mais jovem, com uma energia melhor e ainda ser exemplo daquilo que estou falando. Então me levanto da cama.

Minha regra para atingir um estado de prazer é: eu me levanto e vou.

Só que muitas pessoas criam regras de prazer para anestesiar a dor. São regras de prazer como vícios, alimentação gordurosa, compras, mascarando a dor e levando a uma sensação de prazer apenas momentânea. Ações que trazem benefícios precisam ser ecológicas, ou seja, devem me fazer bem sem me prejudicar. Tudo o que é excessivo e mascara a dor é uma forma de anestesiar, e não ajuda em nada.

Vejo pessoas com dores financeiras que acreditam que sair para jantar é uma regra de prazer. E, quando saem para jantar, ao mesmo tempo que têm um ganho de prazer, têm uma dor no bolso. Ou seja: é um pseudobenefício, que não adianta nada. A maneira de fazer as coisas e a consequência precisam ser observadas quando criamos nossas regras para acessar estados de prazer.

O prazer duradouro exige sacrifício. A partir de agora, você vai conhecer uma estratégia para se conhecer mais e trabalhar os gatilhos, quebrando o círculo vicioso para ir para o círculo virtuoso. Vamos mapear suas regras de prazer e criar um manual para que você possa sair de um estado para outro sem tanto sofrimento. Isso tudo vai ajudá-lo também a mudar seu foco, sua fisiologia e sua linguagem, elementos que estudamos no Capítulo 2.

No exercício a seguir, a ideia é que você identifique os prazeres e estados emocionais que fazem com que você se sinta bem e liste em quais ocasiões você os vivencia. Faça uma lista com várias alternativas, para que recorra a elas sempre que quiser sair de uma emoção negativa e se sentir melhor.

Vejamos um exemplo:

Estado emocional que desejo sentir: Amor
Regra: Sinto amor sempre que eu/toda vez que eu...

a) Sou amável.
b) Sou gentil com os outros.
c) Me lembro do amor que tenho em meu coração.
d) Noto o amor nas pessoas.

Agora é com você!

Estado emocional que desejo sentir: _____.

Regra: Sinto _____ sempre que eu/toda vez que eu...

a) _____

b) _____

c) _____

d) _____

Estado emocional que desejo sentir: _____.

Regra: Sinto _____ sempre que eu/toda vez que eu...

a) _____

b) _____

c) _____

d) _____

Estado emocional que desejo sentir: _____.

Regra: Sinto _____ sempre que eu/toda vez que eu...

a) _____

b) _____

c) _____

d) _____

COMO ESTÃO SUAS RELAÇÕES?

> "As verdadeiras relações se dão
> quando nutrimos um ao outro."

Para falar de relações, precisamos tocar em alguns pontos que sempre abordo em meus programas e treinamentos. Toda relação tem duas vertentes: você com o outro, e o outro com você, e todas elas são feitas de débitos e créditos, ou seja, todos podemos creditar e debitar nas contas dos relacionamentos. Muitos só debitam (só exigem coisas do outro, só pressionam) e outros creditam o tempo todo (compartilham histórias, dão valor ao relacionamento etc.). A chamada renda psicológica é o resultado desse processo de créditos e débitos.

A pergunta que faço a você é: qual é a renda psicológica de todas as suas relações? Você está debitando ou creditando? Está nutrindo as relações ou sugando de cada uma delas? Está se alimentando de forma equilibrada das relações que o cercam ou está fazendo papel de otário, alimentando todas as relações sem receber nada em troca? E a outra parte? Está creditando na relação de vocês dois ou apenas está debitando?

Quando falo de renda psicológica, gosto de lembrar que muitos de nós não se valorizam e permitem que o outro debite tudo da relação,

QUAL É A RENDA PSICOLÓGICA DE TODAS AS SUAS RELAÇÕES? ESTÁ NUTRINDO AS RELAÇÕES OU SUGANDO DE CADA UMA DELAS?

sem colocar créditos. Isso, a longo prazo, é muito ruim. Tem a ver com falta de autoestima, com problemas para se valorizar. E algumas relações são absolutamente devastadoras para a autoestima. Por exemplo, pode ser que você só receba porrada e deixe que os outros lhe deem porrada. Mas você precisa olhar com franqueza para a situação e dizer: "Peraí, eu já paguei a conta pelos erros do meu passado; não posso ficar tomando porrada a vida toda".

Por outro lado, pode ser que você seja a pessoa que debita demais de uma relação. Muitas pessoas fazem isso sem perceber, e a ficha só cai quando perdem a relação e a conexão com o outro, ou quando vão para um evento de reflexão ou treinamento.

Já percebeu que causamos estados emocionais nos outros o tempo todo? Que corremos o risco de desprezar as pessoas por estarmos focados demais em nós mesmos? Quem se importa com os pais, os filhos e o parceiro com a dedicação que estes merecem?

Quando não damos a devida atenção a um filho que está pedindo isso, geramos uma emoção e um estado emocional negativos. Isso é debitar na relação. Quando não respondemos à mensagem de uma pessoa querida ou ignoramos alguém que amamos porque "falta tempo", estamos debitando das relações sem perceber.

Precisamos ter consciência dessas emoções e nos programarmos para nos dedicar às nossas relações de modo que tenham equilíbrio. Mas atente para isto: quando o outro está constantemente só debitando e vive um estado emocional negativo com você, e você permite que isso aconteça, significa que você está suprindo alguma necessidade sua – necessidade de ser amado, de ser reconhecido, como vimos no Capítulo 4. Muitas vezes não fazemos nada nem nos posicionamos por medo de não gostarem de nós.

E diminuir o outro está no terceiro nível de consciência, a autoestima. Quando você tem medo de não ser bom o suficiente, quando você é inseguro e tem autoestima baixa, a estratégia é poder – diminuir o outro para de alguma forma satisfazer uma necessidade de ego de ser mais importante, para se sentir melhor. Isso é uma covardia absurda. É inadmissível diminuir o outro para se sentir seguro.

Já outros fazem justamente o contrário: ressaltam os aspectos positivos das outras pessoas apenas para se aproximar delas. Essa é a chamada manipulação emocional, e tem a ver com o segundo nível de consciência, o dos relacionamentos, bem como com o segundo tipo de medo: o medo de não ser benquisto. É um medo emocional no nível do relacionamento. Há muita gente que faz de tudo para ser aceita e que não aprendeu o que é amar, não recebeu amor de verdade. E está buscando isso ainda. É o adulto executivo preso na adolescência, sem nível de consciência para entender as próprias necessidades. Ele está preso ainda no nível do ego, prejudicando seus relacionamentos.

Mas aqui digo algo bem importante: muitas vezes a pessoa permite que o outro a maltrate e a magoe porque acredita que aquele pouco é melhor do que nada. Além disso, há pessoas que só não se separam dos parceiros porque não querem ficar sozinhas. Não amam, mas preferem manter a relação, mesmo sabendo que estão empatando a vida do outro, que poderia encontrar alguém que o ame.

Uma dessas pessoas me pediu um conselho certa vez, porque sempre voltava para o marido por causa da zona de conforto. Afinal, era bom ter alguém ao seu lado. Perguntei por que a pessoa estava com ele, e ela disse que não sabia. Perguntei por que o estava enrolando, e ela também não conseguiu responder.

A verdade é que o marido queria filhos, e ela, não. Ele queria que ela abandonasse as atividades de que mais gostava, e ela não estava disposta a isso. Ela estava com ele porque pelo menos tinha alguém, mas, se surgisse alguém melhor, iria embora. Já ele a amava de verdade.

Isso causava um sofrimento muito grande nos dois. A única coisa que tiraria o peso das costas dela seria tomar uma decisão mais drástica. Só que ela preferia mascarar a realidade, como muita gente faz.

Já viu casais que parecem dois irmãos? Que não se amam, mas preferem estar comprometidos porque é melhor que nada? Já viu pessoas

156 DANCE COM SEUS MEDOS

que deixam de fazer coisas de que gostam porque o outro pede e permitem que alguém controle a relação? São pessoas que usam umas às outras até encontrar alguém melhor. Ter consciência disso e não fazer nada é leviano. E muitas pessoas acabam ficando juntas sem avaliar que estão usando os parceiros emocionalmente para se sentir bem.

Uma decisão de verdade às vezes gera um resultado muito mais doloroso. Mas as pessoas evitam o sofrimento. Por isso, continuam ali, onde conhecem, na zona de conforto.

Há também casos de pessoas que vivem uma relação de dominância com seus parceiros, e não de complementariedade. Não querem perder o controle das coisas e, por isso, nunca demonstram vulnerabilidade. E, quando fazem isso, não se conectam de verdade numa relação íntima.

Se uma pessoa não demonstra dor é porque tem medos. Quem demonstra dor excessivamente também tem medos, e usa estratégias negativas para receber atenção. São pessoas manipuladoras, que às vezes recorrem à estratégia de ficar tristes e cabisbaixas para conseguir atenção. Isso é coisa de que tem carência de ser amado. São estratégias para conectar o outro na necessidade deles.

Em qualquer relacionamento, você precisa pensar com o coração. Nunca faça nada para o outro querendo algo em troca. Não é porque você fez pelo outro que ele precisa fazer por você. Isso é manipulação emocional.

Como estão seus relacionamentos – amorosos, profissionais, de amizade? A renda psicológica deles está positiva ou negativa, ou seja, você está mais debitando ou creditando neles? Você mantém determinado relacionamento porque gosta da pessoa ou apenas porque tem medo de sair da zona de conforto? Reflita sobre isso.

Você evita conflitos?

Em 2009, a Crescimentum, empresa que ajudei a fundar, foi contratada por uma companhia aérea para capacitar os funcionários a lidar com situações de estresse. Fizemos o trabalho com a área de atendimento ao cliente.

A companhia tinha um modelo de atendimento que funcionava assim: diante de algum problema, o cliente gritava, e o atendente recebia os gritos com um sorriso no rosto dizendo "sim, senhor" ou "entendo perfeitamente, senhor". Os gritos continuavam, e nada era resolvido.

Nosso treinamento foi no sentido de empoderar os atendentes para que falassem em voz alta, no mesmo nível de energia, mas sem ficarem bravos. Ou melhor, os atendentes tinham que ficar bravos com a situação desagradável do cliente, com o problema, reconhecer a dor do outro. Assim, ao acompanhar o tom de voz do cliente e colocar o foco na solução do problema, este ficava mais tranquilo e era "conduzido" em direção a determinada ideia.

Precisamos entender que, independentemente da relação, seja de amizade, amorosa, familiar ou profissional, não podemos nos anular para fazer parte do relacionamento. Precisamos nos posicionar e entrar no mesmo nível de energia do outro.

O resultado que obtenho no relacionamento tem a ver com o estado em que estou. Se estou em um estado de certeza e confiança, ele se reflete no meu comportamento, o qual, por sua vez, se reflete no outro. Além disso, a empatia é necessária para entendermos o outro nas relações.

Um de meus clientes, líder de uma empresa, sempre recebia o feedback de que não era assertivo, não se posicionava e não falava o que pensava. Quando conversamos, ele me contou que já fazia dez anos que ouvia esse tipo de feedback.

– Já faz parte da minha essência. Eu me preocupo muito com as pessoas.

Percebi que ele passou anos contando essa historinha a si mesmo. Então eu o provoquei:

– Você me permite uma observação? Você só conta essa historinha a si mesmo porque está no nível do seu ego. Você treinou seu

INDEPENDENTEMENTE DA RELAÇÃO, NÃO PODEMOS NOS ANULAR PARA FAZER PARTE DO RELACIONAMENTO.

comportamento para ser passivo e excessivamente colaborativo e paternalista. Acha que é falta de educação discordar dos outros? Você, na verdade, evita conflitos... Mas será que todo conflito deve ser evitado? Por que você não se posiciona? O que pode perder com isso?

Ele começou a dizer que, se entrasse em conflito, as pessoas poderiam não gostar dele e ter comportamentos negativos em relação a ele.

– Você acredita que nesta vida todo mundo precisa gostar de você? – perguntei. – O problema é que você gostaria que todos gostassem, né? Então, você está focado no seu ego.

Foi assim que ele criou essa historinha, de que não queria ser desrespeitoso com as pessoas. Mas uma coisa é se posicionar, outra bem diferente é ser desrespeitoso.

– O que é mais forte para você? O propósito de desenvolver as pessoas ou ser amado? Parece que é ser amado.

Ele não tinha consciência dessa relação. Estávamos em uma semana de imersão, e eu lhe disse que ele precisava ser mais assertivo.

– Você tem que sentir a dor de ser criticado por ter dito algo de que alguém não gostou. Precisa saber lidar com isso.

No fim daquela semana, ele estava se posicionando em relação a tudo. E eu o parabenizei, porque ele havia encontrado um caminho entre o oito (não se posicionar) e o oitenta (emitir opiniões de forma grosseira).

Quando você está em um hotel e quer tomar banho, na hora de ajustar o chuveiro você às vezes se queima e em outras toma uma chuveirada gelada demais. Às vezes leva um tempo até encontrar a temperatura certa. A mesma coisa acontece com nossos comportamentos. Cada um tem a temperatura certa para cada ocasião. Você vai descobrir a sua.

A história das duas geladeiras

Recentemente, meu sogro, uma figura cheia de sabedoria, comentou como alguns casais hoje em dia estão desconectados. Muitas vezes, um nem sabe o que o outro gosta de comer. Dessa observação, ele trouxe a reflexão: "num relacionamento íntimo, temos que pensar no outro".

Quando era jovem e começou a namorar sua futura esposa, ela sempre comia pratos cujo aroma ele detestava. Ela tem ascendência japonesa, e ele entendeu que aquele tipo de comida faz parte dos hábitos e da cultura dela.

Quando se casaram, o que ele fez? Comprou duas geladeiras.

Em uma, a esposa só guardava as coisas de que gostava; na outra, ficavam as coisas de que ele gostava. Segundo meu sogro, hoje não há mais necessidade disso, porque comem as mesmas coisas depois de tantos anos de casamento. "Naquele momento, eu entendi que não queria mudá-la, nem queria que ela mudasse. Eu a respeitei, e comprar as duas geladeiras foi o acordo que fizemos."

E ele concluiu: "num relacionamento, um tem que se colocar no lugar do outro. Um tem que entender o outro. Duas geladeiras resolveram".

E assim funciona um relacionamento para quem está disposto a tentar. Ele não se anulou e, ao mesmo tempo, não quis impor sua vontade. Eles encontraram um equilíbrio.

Linguagens do amor

Para ter uma relação íntima saudável, é preciso manter a linguagem certa, ou seja, uma linguagem que nos mantenha amorosos. Há muitos anos, assisti a uma palestra de Gary Chapman, autor que faz sucesso até hoje com seu livro *As cinco linguagens do amor*, no qual aborda as formas como podemos nos comunicar com nosso parceiro.

Segundo ele, para construir as relações de forma equilibrada, precisamos estar atentos às palavras e aos gestos que usamos com o outro. Afinal, se um dos parceiros utilizar uma linguagem negativa, isso pode prejudicar o relacionamento. Muitos, porém, usam linguagem negativa sem perceber – como o caso do marido daquela minha amiga, que dizia o tempo todo que ela não conseguiria passar no teste de direção. Ele destruiu as crenças dela com palavras.

Muitos maridos, esposas, namorados, amigos, pais e até mesmo líderes empresariais fazem isso. Se esse tipo de informação negativa invade nossa mente, corremos o risco de acreditar na verdade do outro, o que nos faz entrar num círculo vicioso.

Na adolescência, quando começa o bullying entre jovens, muitos assimilam críticas como se fossem verdade, e acabam entrando em depressão. Por isso precisamos ter cuidado com a linguagem que usamos com o outro.

Uma das linguagens que Chapman traz – e que pode ser adotada não apenas em relacionamentos íntimos, mas também em relações de amizade e profissionais – são as palavras de afirmação. Por exemplo, quando minha esposa chega em casa e me conta algo do trabalho, eu comento, elogio, reforço alguma afirmação positiva que ela tenha feito sobre si mesma.

É interessante lembrar que faço isso mesmo que ela esteja cabisbaixa, relatando apenas coisas que não deram certo. Costumo mencionar outros pontos e apontar aquilo que deu certo, para que ela possa se nutrir emocionalmente. Faço isso por meio de palavras de afirmação, afirmando para ela quem ela é. Isso numa relação íntima é muito importante, porque imagine duas pessoas que apenas sabem se criticar? Que se culpam mutuamente?

Se a pessoa traz para você algo que é importante para ela, é essencial que ela ouça uma palavra de afirmação. Se, ao contrário, ela ouve uma crítica, os relacionamentos podem começar a ruir. Isso prejudica a intimidade e cria um distanciamento entre o casal. Quando um só aponta o dedo para o outro e critica, isso tem um efeito de débito na relação. Lembra da história da renda psicológica? E se uma relação só fica no débito, como fica essa conta? Saldo no vermelho.

É assim que está a maioria dos casais hoje em dia. Sem dizer palavras de afirmação, sem carinho, sem "depositar" na conta conjunta relacional, você só adquire débitos. Que tal depositar palavras de afirmação e adquirir créditos?

É interessante que essas atitudes sejam estabelecidas em todos os tipos de relação. Se você é um líder, por exemplo, e é justo, você fala, elogia, reconhece, pontua. Tudo bem se, em algum momento, trouxer alguma "porrada", uma crítica, porque dizer o que é necessário ao outro, e não apenas o que o outro quer ouvir, também é uma forma de amor. Porque é preciso ser íntegro e falar quando o outro está indo bem e quando não está indo bem. A linguagem precisa ser usada nesse aspecto.

No mundo todo, vivemos num contexto em que praticamente todo mundo pensa negativo, é negativo e se comporta negativamente. Quase nunca vemos as pessoas se elogiando e reconhecendo os valores umas das outras, porque as relações são pautadas pelo ponto fraco das pessoas. Outro dia, por exemplo, fiquei sabendo de uma escola nos Estados Unidos – a Purnell School – que recebe apenas alunos que tiveram desempenho escolar abaixo da média em outras escolas – e que, justamente por isso, sempre eram criticados e tachados de incompetentes.

Essa escola mudou o tratamento dado a essas crianças e passou a focar no ponto forte delas. A autoestima de todas mudou radicalmente. Logo, o desempenho também melhorou.

Hoje, com minha esposa, noto quais são as linguagens de amor usadas por ela. Durante uma reunião de trabalho, certa vez, sem tempo de digitar uma resposta, enviei um emoji de coração batendo. Ela ficou entusiasmada com aquilo, disse que eu nunca tinha mandado um emoji antes. Curioso como as pessoas não se dão conta do que é importante para seus parceiros. Ela valorizava a comunicação dessa forma, o coraçãozinho batendo na tela do celular, mas até então eu não tinha tido a sensibilidade de perceber isso.

A grande questão aqui é prestar atenção no outro, descobrir do que ele gosta, estar presente na relação. Desligar o celular nos momentos a dois, notar o outro verdadeiramente. Isso só se consegue quando estamos conectados com nós mesmos e com a outra pessoa. Sabe quando você viaja e compra alguma coisa para sua mãe ou para seu parceiro?

Isso também é uma linguagem de amor, porque diz respeito a perceber e valorizar o outro. Deveríamos nutrir nossas relações constantemente com um esforço consciente de fazer algo pelo outro. No caso do mundo profissional, por exemplo, quando um líder reconhece os desejos, os sentimentos e as frustrações de um funcionário, e não o trata apenas como um número, isso cria um ambiente profissional psicologicamente saudável. E as pessoas felizes, cujos sentimentos são reconhecidos, produzem muito mais.

Outra linguagem do amor é encontrar formas de servir o outro da maneira como ele gosta. Fazer algo pelo outro que de fato lhe seja útil e que facilite a vida dele. Pode ser desde um gesto simples, como preparar uma xícara de café, até questões mais complexas, como ajudar numa questão de saúde ou a cuidar de algum familiar do parceiro... Você serve as pessoas de alguma forma?

No APP, falo bastante sobre sexo selvagem como linguagem do amor, pois os casais estão se transformando em amigos, sem preservar a faísca e a paixão. E há várias formas de preservar a paixão. No meu casamento, por exemplo, toda terça e quinta saímos só eu e ela, há oito anos. Vamos ao cinema, vamos jantar ou tomar um vinho. Isso nos faz preservar os momentos a dois, embora tenhamos uma filha pequena.

Ter uma linguagem do amor faz você se tornar uma pessoa amorosa consigo e com os outros, respeitando todos a seu redor e ajudando-o a cultivar relações saudáveis.

Canvas de influência

O canvas de influência é inspirado no Business Model Canvas e muito utilizado por profissionais de marketing e vendas para a criação de produtos e soluções customizadas às necessidades das pessoas. Ele ajuda a ampliar nossa percepção sobre as necessidades ditas ou não ditas das pessoas. No contexto do desenvolvimento das pessoas, esse mapa pode ser utilizado para descobrirmos interesses, perfis e necessidades de nossos interlocutores. Por exemplo: não consigo me relacionar bem com determinada pessoa e preciso da ajuda dela para algo, então tento me colocar no lugar dela por meio desse simples exercício. Quando entendo melhor as dores da pessoa, os ganhos, como ela percebe o entorno, de que maneira ela costuma escutar e sentir, é possível que eu a compreenda de forma mais completa, estreitando assim os relacionamentos e criando aquilo que as pessoas chamam de empatia – ou seja, a capacidade de verdadeiramente me colocar no lugar do outro.

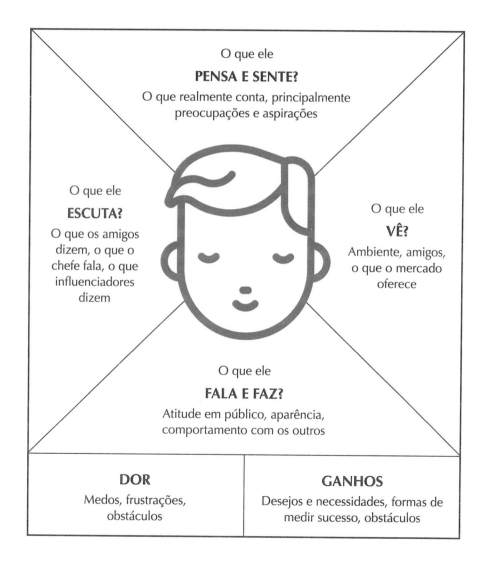

7

CURA EMOCIONAL

"Não existe luz sem sombra. É preciso acolher nossas dores, pois, apesar de sofrermos, esse é o caminho de nossa cura emocional."

O perdão

Meire é psicóloga e, na época em que fez o APP, trabalhava na área de talentos em uma empresa de tecnologia. Tinha ganhado esse treinamento de alta performance depois de ter participado do nosso programa Líder do Futuro.

No primeiro dia do evento, ela chegou apenas no fim da tarde. Quando se sentou, revirava os olhos para tudo o que eu falava. Além de ter preconceito contra as técnicas utilizadas, ela achava que eu iria fazer regressão de memória nos participantes, e isso ia contra tudo em que ela acreditava.

Em determinado momento, ela até começou a perceber que esse treinamento era diferente, mas mesmo assim, como psicóloga, ainda usava uma série de mecanismos de defesa, e não queria acreditar que havia no APP algo que pudesse ajudá-la pessoalmente.

A verdade é que ela vinha de uma família muito agressiva. Ao longo de toda a sua vida, ela tinha presenciado agressões diárias de seu pai contra sua mãe, e fazia apenas um ano que tinha perdido a mãe, vítima de tumores cerebrais.

Como tinha parado de trabalhar para cuidar da mãe nesse período, teve tempo de sobra para acumular muita revolta. Ela sentia raiva de si mesma por ter escolhido aquele médico que operou a mãe… Tinha feito praticamente um processo seletivo para encontrar quem seria o neurocirurgião perfeito para salvar a mãe, e quando achou um médico com excelentes referências, ela o escolheu. Mas infelizmente a cirurgia não foi bem-sucedida, e sua mãe faleceu. Ela culpava o médico e, na maior parte do tempo, culpava a si mesma. Não aceitava a morte da mãe e achava que, se tivesse escolhido um médico ou um hospital melhor, tudo teria sido diferente.

Como ela mesma me contou depois, não tinha ideia da quantidade de ódio e rancor que guardava dentro de si, nem percebia a ausência de perdão em sua vida. Ela brigava até mesmo com Deus, a ponto de na missa de sétimo dia da mãe ter enfrentado o padre quando ele disse que Deus só deixava cair uma folha de uma árvore com sua permissão. Chegou a bater boca com ele no meio da missa, porque achava inadmissível pensar que Deus quisera a morte de sua mãe.

Em determinado momento do APP, eu proponho o exercício do perdão, que você também poderá fazer a seguir. Nele, sugiro que as pessoas escrevam cartas para aqueles que as magoaram. Não só porque o perdão alivia a alma, cria um outro estado emocional e libera as mágoas e angústias, nos colocando num estado de amor e aceitação, mas também porque, quando escrevemos cartas, damos força e forma para determinado sentimento. Por isso o exercício é tão potente: nós simplesmente deixamos fluir todo o conteúdo que vem do coração.

Quando fez esse exercício, Meire teve a certeza de que nosso treinamento não era uma bobagem, como imaginara no início. O exercício representou uma verdadeira mudança em sua vida – tanto que, em uma outra palestra, ela me interrompeu no palco para fazer um relato.

168 DANCE COM SEUS MEDOS

No dia, ela comentou que inclusive queria me pedir perdão, porque havia inicialmente criticado meu treinamento e chegado a acreditar que meu intuito era só ganhar dinheiro. Ela admitiu que tinha sido muito preconceituosa, não só pelo fato de ser psicóloga, mas porque tinha imaginado que tudo aquilo seria uma grande balela.

O exercício transformou Meire em uma pessoa diferente. Ela perdoou a si mesma, perdoou a mãe, por ter desistido de viver quando não aguentava mais sentir dor, e perdoou até mesmo o médico, entendendo que o sentido da vida era ela quem deveria traçar.

Ela me contou depois que nem mesmo a terapia a havia ajudado a entender aquilo de forma tão clara. O exercício do perdão lhe trouxe uma nova consciência de sua situação, porque, enquanto escrevia a carta, foi deixando as emoções virem à tona.

É interessante como todos nós carregamos sofrimento ao longo da vida. Alguns se apegam a ele, como se fosse o pilar de sustentação de sua vida. É como se cavassem um buraco debaixo da terra e se enfiassem ali, cultivando aquele sofrimento a ponto de não conseguir se desvencilhar dele.

Muitos de nós ficam parados no tempo em que aquele trauma ou aquele sofrimento chegou e não conseguem mais conduzir sua vida a partir daí. Por isso, proponho exercícios que podem ajudar as pessoas a encontrar a cura emocional.

Até aqui, você aprendeu a se fortalecer, mudando seu estado emocional, entendendo como foco, fisiologia e linguagem são estratégias que podem auxiliá-lo em todos os momentos da vida, aprendendo a descongelar as emoções e dar movimento a elas e, inclusive, dançando com o medo que o impede de seguir em frente. Você também teve acesso a ferramentas como o HeartMath, que pode ajudá-lo a entrar num estado de coerência cardíaca, criando espaço para a saúde integral da mente e do corpo, e percebeu que podemos nos relacionar de maneira efetiva com as pessoas que nos cercam. A esta altura do livro você também já teve acesso às regras de dor e prazer

A CURA ESTÁ DENTRO DE VOCÊ, E NÃO FORA. BASTA ACESSÁ-LA.

e já sabe identificar tudo aquilo que o incomoda e o impede de dar o próximo passo.

Agora, sugiro uma cura emocional. Tente fazer como a Meire, que se despiu de preconceitos, e se entregue a este exercício, criando condições fisiológicas e emocionais para quebrar alguns padrões, de modo que a emoção venha e ajude-o a curar a si mesmo. Porque a cura está dentro de você, e não fora. Basta acessá-la.

O perdão tem uma grande relevância nesse processo de cura, porque é uma ferramenta que só nós podemos usar. Só você pode perdoar alguém que te feriu. Só você pode dar o perdão a quem magoou você.

Você pode ajudar seu sofrimento a maturar. Quando lidamos melhor com ele é que amadurecemos – quando não lidamos com ele de maneira infantilizada nem tentamos anestesiar as dores por meio de compras, medicação ou bebidas.

Pergunte a si mesmo o que sua dor quer lhe dizer. Encontre-a, sinta esse choque dentro de você e entenda que só você é capaz de deixá-la ir embora. Você não precisa mais carregar tudo isso nas costas.

Vamos encontrar sua potência de viver. E o perdão vai te ajudar nesse processo.

Minha lista de perdão

_____, eu te perdoo por

_____

_____

_____

_____

_____, eu te perdoo por

_____

_____

_____

_____

_____, eu te perdoo por

_____

_____

_____

_____, eu te perdoo por

_____

_____

_____

_____

Cartas para aqueles que perdemos

Kelly é uma gestora de RH que participou de nossos treinamentos um tempo atrás. Alguns dias antes de eu pedir o depoimento dela para este livro, Kelly perdeu o tio. Mas não tinha sido por esse motivo que eu a convidara para contar sua experiência em relação à aceitação de perdas. Kelly já tinha lidado com perdas que a haviam transformado de todas as formas.

Ela tinha vivenciado três perdas de pessoas próximas, com um intervalo pequeno de tempo entre uma e outra: seu avô, sua irmã e sua melhor amiga. Foi uma fase difícil. "A vida faz com que sigamos em frente sem nos darmos conta do que algumas dores nos causam", ela me disse quando nos encontramos.

Assim, tinha tocado sua vida, tentando encarar tudo aquilo com resiliência. Só que a vida lhe traria novos desafios, duas mudanças que a fariam perder de vez o rumo: a saída de um emprego sólido e o término de um relacionamento conturbado.

Naquele momento, ela se viu sem identidade. Não conseguia entender quem era, porque se identificava muito com os papéis que desempenhava tanto no trabalho quanto em seu relacionamento.

Lidar com perdas não é fácil para ninguém, mas ela estava sem chão, e numa fase muito complicada. Foi nessa época que nos conhecemos.

Tivemos uma conversa, e pedi para que ela fizesse uma carta a seus antepassados, ou às pessoas que tinha perdido. Queria que ela relatasse o que sentia, o quanto os amava e tudo o que não tivera oportunidade de dizer até então.

Ela escreveu essas cartas e aproveitou para fazer as mesmas cartas para o trabalho e para o ex-namorado. E foi assim que teve um insight sobre a importância das perdas e como cada uma delas pode trazer um ensinamento. Isso a levou a encarar a vida de maneira mais centrada e focada, entendendo tudo o que tinha acontecido.

Hoje ela diz que dificilmente alguma coisa consegue tirá-la do eixo, porque entendeu a importância de cada momento em sua vida. Entendeu que perdas e fins acontecem com todos, e que o importante é sabermos lidar bem com eles e deixá-los passar.

No momento em que perdeu o emprego e terminou o relacionamento, ela se sentiu incapaz, como se não fosse merecedora de sucesso ou de amor, mas esses momentos foram redimensionados quando escreveu as cartas. Ao mesmo tempo que essas cartas a fizeram reviver uma saudade imensa – saber que não podia mais ver e tocar as pessoas que se foram era uma sensação angustiante –, ela passou a ressignificar os sentimentos, entendendo que o amor continuava, apesar da ausência física.

Escrever as cartas, porém, foi uma tarefa desafiadora. Falar sobre o perdão e dizer o quanto ficamos magoados por algo não é fácil – além de fazer a dor vir à tona. Kelly começou e interrompeu as cartas diversas vezes, e chegou até a pensar em desistir. Mas de repente ela percebeu que precisava escrevê-las e colocar no papel tudo que sentia.

Mesmo tendo feito o exercício quase dois anos depois de todas as suas perdas, ela conseguiu perceber como vinha tapando o sol com a peneira todo aquele tempo.

Em suma, a elaboração das cartas foi um processo terapêutico. Kelly pôde relatar as mágoas, colocar nome em cada emoção que sentiu e, com muito esforço, dizer que perdoava. Reviver o sentimento e nomear, entendendo com consciência que temos que encarar a dor, é algo muito valioso.

Portanto, agora convido você a escrever pequenas cartas para as pessoas que se foram – seja pessoas que faleceram ou pessoas que simplesmente passaram por sua vida. Escreva livremente, dando nome às emoções, mas deixando que elas fiquem no papel. Isso fará com que você se sinta em paz. Muito do que queremos falar para as pessoas é um peso para nós – que se alivia no momento em que escrevemos.

Como disse sabiamente Kelly: "Lidar com perdas nunca é fácil, mas a vida se torna mais positiva quando aprendemos a tirar lições dos momentos difíceis. Temos que entender que sempre vamos vivenciar perdas, por isso devemos tentar enxergar o que podemos fazer nesses momentos para evoluir como ser humano, em vez de estagnar na dor. É isso o que eu tento fazer. Enquanto não aprendemos, passamos pelos mesmos tipos de situação. Mas acho que, agora, aprendi".

_____, eu queria te dizer que

_____

_____

_____

_____

_____, eu queria te dizer que

_____

_____

_____

_____

_____, eu queria te dizer que

_____

_____

_____

_____

_____, eu queria te dizer que

_____

_____

_____

_____

Cartas de gratidão

Neste momento, convido você a exercitar algo que parece muito simples, mas é bastante poderoso: a gratidão. Tenho escutado de milhares de participantes de meus treinamentos o quanto suas vidas mudaram quando olharam para elas de uma forma diferente, quando deixaram de prestar atenção nas reclamações e passaram a focar em agradecer momentos, situações e pessoas que, de uma forma ou de outra, agregaram alguma coisa à sua trajetória. Você pode ser grato pelo simples fato de ter chegado a este momento do livro!

No exercício a seguir, tente colocar no papel tudo pelo que você é grato. Pode falar de pessoas de sua família, amigos, colegas de trabalho ou mesmo pessoas que, de alguma forma, marcaram a sua vida.

_____, eu sou grato a você por

_____

_____

_____

_____

_____, eu sou grato a você por

_____

_____

_____

_____

_____, eu sou grato a você por

_____

_____

_____

_____

_____, eu sou grato a você por

_____

_____

_____

_____

Conhecer a si mesmo: a cura de todos os males

Algumas pessoas passam a vida inteira sem saber o que querem de verdade para si. E, com isso, muitas vezes sofrem. Érica descobriu a cura para si mesma durante um de nossos treinamentos, e a transformação foi tão profunda que ela ressignificou tudo em sua vida.

Ela estava com 35 anos quando fez o APP, mas ainda era criança quando recebeu, na perna, uma injeção de anticorpos que desencadeou uma infecção. Foi feita uma cirurgia na época, o que acabou deixando uma diferença de seis centímetros de uma perna para a outra. Por conta disso, ela passou a mancar, e as crianças da escola sempre praticavam bullying contra ela, atribuindo-lhe uma série de apelidos pejorativos. Embora ela fingisse não ligar, tudo aquilo a machucava bastante.

Na adolescência, mais um sofrimento: sua avó sofreu um AVC. Érica deixou de lado uma oportunidade de estudar fora do país para ajudar a cuidar da avó.

Quando completou 23 anos, viu sua mãe parar de andar por conta de uma obesidade mórbida, e sua avó sofreu o segundo AVC. Conseguiu uma cuidadora para ajudá-la a cuidar das duas e arrumou um emprego numa universidade que fornecia bolsa de estudos. Após começar a faculdade, seu pai faleceu, depois, sua mãe, e então sua avó teve o terceiro AVC.

Acumulando um sofrimento depois do outro, foi vendo os familiares partirem à medida que os anos se passavam, e depois de muito tentar, conseguiu engravidar. Mas as perguntas que sempre tocavam seu coração eram: "Por que eu? Por que tudo acontece comigo? Eu sempre procuro ajudar as pessoas, sempre me coloco no lugar delas. Isso não é justo".

Nessa época, decidiu que simplesmente cruzaria os braços. Estava cansada de lutar, de viver.

Justamente nesse período, recebeu um ingresso para participar do APP. Achou que eu era um charlatão e decidiu pesquisar na internet, para se certificar de que era algo sério. Mas, mesmo com as dúvidas, foi ao evento.

Lá ela entendeu o que deveria fazer para modificar o próprio estado e a própria energia, mudando a fisiologia, o foco e a linguagem. Entendeu que poderia ser responsável pelas mudanças em sua vida, que poderia ser a protagonista de sua história, que poderia ressignificar as dores e encarar os vazios que estavam ali, tentando fazer com que desistisse. E agradecer a quem tinha passado por sua vida.

Foi no evento presencial que ela descobriu que ainda tinha muitas feridas abertas dentro de si. Feridas que nem sabia que existiam. Descobriu seu propósito de vida, que era cuidar das pessoas e ajudá-las. E, a partir de então, decidiu fazer certificação em coaching, para desenvolver competências a fim de ajudar outras pessoas. Descobriu a si mesma e decidiu fazer da sua história um ponto de partida, sem desmerecer todo o sofrimento, mas ressignificando aquilo que a fazia querer desistir.

Conforme foi curando a si mesma por meio do autoconhecimento, percebeu que no fundo tinha medo de as pessoas não confiarem nela e, consequentemente, não quererem sua ajuda. E viu que tinha um forte valor de doação, que a fortalecia. Tinha sido empática a vida toda, com todos ao seu redor, mesmo sem receber nenhuma empatia da parte das pessoas.

Foi aí que decidiu que começaria a cuidar mais de si mesma. Deixaria de lado o medo do julgamento, a vergonha do seu corpo e valorizaria aquilo que tinha de melhor para oferecer.

Hoje, transformada, ela se vê inspirando pessoas, com gratidão pelo processo que viveu, usando ferramentas para ter uma nova vida, alinhada com seus objetivos. Ela percebeu que ainda tem muito chão pela frente e que a estrada não acabou.

Quando vejo depoimentos como esse, de pessoas que estavam prontas para desistir e que aprenderam a se recolocar perante a vida, buscando curar a si mesmas e aos outros, percebo que minha missão está apenas começando. E isso alimenta minha alma, para que eu possa me desenvolver ainda mais, me conhecer melhor, criar novas ferramentas e estratégias que possam auxiliar as pessoas que estão no meio de suas jornadas, infelizes, ou pensando em desistir.

Neste livro, reuni tudo aquilo que acredito que vá ser útil ao seu desenvolvimento pessoal, à sua vida, à sua cura interior.

Mas não pense que eu não tenho problemas ou que sou invencível. É claro que tenho minhas crises existenciais e minhas dúvidas. Mesmo com toda a preparação que tenho. E foi por isso que eu quis preparar todo este conteúdo para você – para que, de alguma forma, eu transmitisse parte daquilo que aprendi ao longo dos últimos anos, tanto por meio dos cursos que faço quanto por meio das pessoas que conheço e que ajudo a transformar.

Alguns dias antes de encerrar a redação deste livro, estava jantando com meu filho mais velho e ele me deu uma grande notícia: tinha comprado um apartamento praticamente à vista.

Fiquei paralisado, e ele continuou:

– É, pai, depois que fiz o APP, comecei a aplicar um dinheiro que vinha guardando. O treinamento abriu minha mente.

Eu fiquei ali, emocionado com as palavras dele, e agradeci:

– Você talvez não vá entender o que vou dizer, mas o maior orgulho de um pai é perceber que o filho está tocando a vida com as próprias pernas.

Pouco tempo depois, fiquei sabendo que meu filho mais novo havia passado em um processo seletivo numa multinacional. Com 22 anos.

E aqui faço uma confissão a você que está lendo este livro: eu sempre tive medo de que faltasse alguma coisa para meus filhos e que eu não tivesse como ajudá-los. Depois da morte do meu pai, passei a sentir medo de não ter o suficiente para sobreviver, mesmo sendo bem-sucedido. Tinha medo de o dinheiro não ser suficiente para meus filhos.

Por isso, quando vi meus filhos caminhando com as próprias pernas, senti orgulho e gratidão pela vida. Não tem receita de bolo para isso. A origem de alguns vazios da minha vida variava entre a necessidade de parecer bem-sucedido para meus pais e a necessidade de sobrevivência em relação aos meus filhos. Mas, aos poucos, fui aprendendo a lidar com isso.

Ver os filhos criando asas é a coisa mais formidável. É um presente da vida. É a coroação de nossa caminhada e a prova de que demos nosso melhor, ensinando os valores corretos. Vivenciar tudo isso nos faz entender que felicidade é um bicho que pousa no nosso ombro quando menos esperamos, quando curamos nossos vazios de tal maneira que as coisas começam a caminhar sozinhas e deixamos a vida fluir.

Certa vez, durante um café, ouvi um amigo dizer que eu era corajoso, porque mexer com o que eu estava mexendo era sinônimo de me expor – afinal, eu lidava diretamente com as emoções das pessoas. E quem se expõe leva porrada. Isso exige de nós um nível de conhecimento absurdo, porque luz e sombra surgem diariamente. Estamos sempre em contato tanto com nossos melhores quanto com nossos piores comportamentos. Surge a vaidade, surge o ego e a cobrança de ser uma pessoa melhor todos os dias. Mas o que vale a pena, além de ver os filhos trazendo os frutos das sementes que foram lançadas, é alcançar cada vez mais pessoas com meus livros.

Como diz a parábola do semeador:

> Certa vez, um homem saiu para semear. Durante o trabalho, uma parte das sementes caiu à beira do caminho, e os pássaros vieram e as comeram. Outra parte caiu no meio de pedras, onde havia pouca terra. Essas sementes brotaram depressa, pois a terra não era funda, mas, quando o sol apareceu, elas secaram, pois não tinham raízes. Outra parte das sementes caiu no meio de espinhos, mas estes cresceram e as sufocaram. Uma outra parte ainda caiu em terra boa e deu frutos, produzindo trinta, sessenta e até mesmo cem vezes mais do que tinha sido plantado.
>
> As sementes que caíram à beira do caminho representam as pessoas que ouvem a mensagem, mas não a compreendem. Elas perdem as coisas que foram semeadas em seu coração. As sementes que caíram no meio das pedras representam as pessoas que ouvem a mensagem e a aceitam imediatamente, com muita alegria. Mas, como não têm raiz, não duram muito tempo. Assim que encontram dificuldades ou são perseguidas por causa da mensagem, abandonam sua fé. As sementes que caíram no meio de espinhos representam as pessoas que ouvem a mensagem, mas são sufocadas pelas preocupações da vida e pela ilusão das riquezas. Essas pessoas não produzem nenhum fruto. Mas as sementes que caíram em terra boa representam as pessoas que ouvem a mensagem e a compreendem. Essas pessoas crescem e produzem muitos frutos, algumas vezes trinta, sessenta ou cem vezes mais.

Que todos nós possamos dançar com nossos medos e entender a origem de nossos vazios, para que paremos de preenchê-los da maneira errada e consigamos definitivamente encarar que temos um buraco, no qual devemos plantar algo que possa florescer e nos nutrir. Dessa forma, faremos de um solo infértil um terreno fértil, onde poderemos jogar sementes que frutifiquem, se espalhem, floresçam, trazendo a esperança de uma vida nova, de uma vida com mais significado.

Uma vida cheia de vida.

Diário das emoções

A cada dia enfrentamos diferentes emoções e situações: às vezes nos sentimos bem, outras vezes vivenciamos sensações negativas. O que eu gostaria de sugerir é que você, ao longo de no mínimo duas semanas, escreva um "diário" ao fim de cada dia, apontando tudo o que sentiu e todos os comportamentos que teve. A ideia é que, com isso, você passe a se conhecer melhor e a entender seus problemas e medos rotineiros. E você até pode tornar esse processo algo rotineiro durante toda a sua vida. Vamos nessa?

Dia __/__/__

Principais emoções e sentimentos que vivenciei hoje:

_____

_____

_____

_____

_____

Hoje eu sou grato por...

_____

_____

_____

_____

_____

Eventos e situações que geraram emoções:

_____

_____

_____

_____

_____

Como lidei com meus gatilhos e emoções "tóxicas":

_____

_____

_____

_____

_____

O que eu gostaria de fazer diferente amanhã:

_____

_____

_____

_____

_____

POSFÁCIO

Dançar com os medos não é tarefa fácil. E quero que você saiba que, enquanto eu escrevia este livro para que você pudesse aprender a dançar com os seus, eu dançava com os meus. Hora um tango, hora um rock pesado. Em alguns momentos, a música era lenta demais, e em outros, tão rápida que eu não conseguia acompanhar. Mas estava ali, passo a passo com o medo, tentando não deixar que ele me levasse e sempre conduzindo a dança para não me apavorar diante de uma situação completamente desconhecida.

Assim como você, eu também tenho dores. E agora vou abrir uma verdade sobre minha vida de maneira transparente, porque você me acompanhou até aqui. Te devo isso.

A vida não é uma estrada linear. Temos altos, temos baixos, e eu, assim como você, tenho meus altos e baixos, como todo mundo. Ao terminar este livro, vivenciei o maior desafio de toda a minha vida profissional: depois de quinze anos como fundador da Crescimentum, eu e meus sócios recebemos uma proposta. A empresa poderia ser adquirida por um sócio estratégico, uma multinacional.

Como vender um sonho? Como colocar preço numa realização desse tamanho? Como entender se esse é o caminho? Como sobreviver aos períodos de tensão? Como abrir mão de sua grande paixão?

Um mix de emoções me sufocava. Entrei em estágio de sobrevivência e me senti massacrado pelos medos até começar a dançar com eles. Tive um colapso físico e mental até entender que esse era meu grande desafio – e eu precisava dançar com ele.

A vida muitas vezes nos leva a caminhos maiores e, para que possamos alçar esses voos, precisamos nos desapegar daquela bagagem que sempre nos acompanhou. Era necessário crescer como Paulo Alvarenga, levar meus projetos pessoais e profissionais adiante. Mas o apego ao que eu tinha criado parecia me segurar dentro de um conflito que eu não podia ignorar.

Tomar essa decisão envolveu enfrentar meu ego. Envolveu conversar com meu medo, dialogar com minha alma e perceber que eu era maior que esse desafio, que eu poderia abrir mão de algo para seguir um caminho novo. Eu poderia continuar fazendo meus programas de imersão, transformando pessoas, sem a base de sustentação da empresa que eu tinha ajudado a fundar.

Era como abandonar um antigo casulo e voar. Só que a saída do casulo é quase uma sensação de morte. Tudo fica escuro. Não sabemos o que vai acontecer no momento seguinte. Tudo fica apertado, e não conseguimos imaginar como será viver sem aquela sensação de conforto. As asas estarão livres e só sustentarão o peso do ar.

Então, voei.

Abri mão de dúvidas, incertezas, fiz uma reflexão consciente por meio da escuta ativa da voz de meu coração e finalmente compreendi que precisava entender aquele momento.

Era uma verdadeira dança com o medo. E resolvi compartilhar essa experiência com você para que saiba que na vida todos passamos por desafios. Estar vivo é um eterno desafio, e você vai precisar encarar tudo o tempo todo. Não há como fugir nem fingir que as coisas que batem na sua porta não existem. É preciso encarar e abraçar aquele momento, por mais desafiador que ele seja.

A mensagem final que deixo com este posfácio é que você entenda seu momento, respeite seu desafio e saia do estágio de sobrevivência.

Com medo não temos clareza do que precisamos para seguir em frente – e, quando aprendemos a dançar com nossos medos, colocamos a cabeça acima da multidão.

O desejo da alma nos leva adiante.

Por isso, observe o que existe em sua vida agora e entenda que todos nós teremos desafios constantes. Observe o peso, a duração, a importância do que te acontece agora e veja que muitas das reações estão apenas na sua mente. E é você quem pode controlá-la.

Aos 48 anos, eu me realizo como empreendedor, vendo minha empresa, atinjo minha liberdade financeira e fundo a empresa que leva o nome de Mastersoul. A ideia é que ela leve liberdade de expressão às pessoas, para que elas tenham competência e estejam capacitadas emocionalmente a fim de transformarem ambientes tóxicos em saudáveis, para que possam se nutrir nos ambientes onde vivem e tenham tesão pelo trabalho.

Neste universo atual de aceleração de resultado, onde todo mundo quer tudo para ontem, meu desejo é que você se conecte consigo mesmo, use as estratégias de realização, mapeie onde está e aonde quer chegar e entenda seus medos, dançando com eles até que eles sejam seus aliados.

Dançar com o medo pode ser a dança mais desafiadora de sua vida. Ela vai exigir que você use toda a sua musculatura, com olhos vivos e atentos. É uma dança pele a pele, na qual sentimos o cheiro do perigo, flertamos com o que mais nos apavora e nos lançamos no ar, sem saber se estaremos seguros.

Só que, no final, quando a dança acaba, você se percebe abrindo os olhos. O medo já te vê de maneira diferente. Ele sorri para você, você sorri de volta e ele vai embora, porque sabe que não vai mais tirar nada de sua alma, de sua energia, de seu suor. Você passou pelo desafio final. Você não fugiu da dança.

Você venceu a maior batalha – que, na verdade, era uma batalha de você com você mesmo.

AGRADECIMENTOS

Tenho aqui mais uma grande oportunidade de ser grato pela minha vida e pelo que Deus tem feito por mim durante todos esses anos, me dando a chance de contribuir com tantas pessoas, seja em meus treinamentos, nas interações individuais e também por meio de livros como este.

Agradeço a todos os participantes de meus cursos, por terem me permitido contribuir para a transformação de suas vidas e por terem me ensinado tanto. Este livro, no fim das contas, só foi escrito graças a todos aqueles que me inspiraram e que me mostram todos os dias que meu trabalho tem significado. Minha eterna gratidão ao Johnny, à Saliza, à Erica, à Kelly, à Meire e à Laiany Dantas, que me inspiraram com suas histórias de transformação e aceitaram compartilhar tudo que aprenderam comigo no meu treinamento APP – Alta Performance Pessoal.

Como sempre falo, ninguém consegue nada sozinho nesta vida. E eu tive ao meu lado pessoas especiais que contribuíram muito para o meu trabalho: dr. Fábio Gabas, dra. Cassia Franco e dra. Claudia Vaciloto. Obrigado!

A todos os meus amigos e parceiros da Crescimentum, em especial ao Arthur Diniz, que sempre me inspirou, ao querido Marco Fabossi e ao meu amigo de jornada no treinamento do Ego para a Alma,

Renato Curi – juntos, evoluímos muito no conceito dos medos. Ao tio Zezito Duarte, que me provoca a ser mais "alma" constantemente.

A todos aqueles que estiveram no palco do APP: dra. Karen Pachon, Solange Frazão, Rachel Maia, Roger Chedid, Nildão, Dread, Hilton Nascimento, André Brandão, Cris Tamer, Alexandre Tagawa, entre muitos outros.

À Benvirá e às excelentes editoras Tatiana, Débora e Rita, além de toda a equipe editorial, que trabalhou muito no meu livro.

À minha amiga jornalista Cinthia Dalpino, que mais uma vez me ajudou a escrever todas as linhas de meu livro. Realmente suas provocações tiram o melhor da gente.

A todo o time da Mastersoul, minha nova empresa. Ao Rangel, que além de liderar toda a operação do APP e da Mastersoul, me acompanha há alguns anos e se tornou um líder e amigo inspirador. A todos os novos colaboradores: Adriana Salomão, Rannelore, Daiane Rocha, Ana Julia, Douglas Custodio e Camila. E, é claro, ao maravilhoso staff do APP e à querida parceira e amiga Fernanda Okura, que contribuiu muito para a criação de meus treinamentos.

Agradeço também àqueles que estão sempre ao meu lado: minha amada esposa, Erica, que esteve em todas as edições do APP me dando um apoio acima do normal para que eu vivesse minha missão – que também se tornou a missão dela; à minha princesa Lara; a meu filhos Paulo Eloy e Enrico, que foram participantes do APP; à minha mãe, Pureza; a meus irmãos Simone e Ricardo; e a toda a família Cunha.